KB081090

황인수(워리치) 지음

왕초보도 성공하는
지식산업센터
투자 가이드

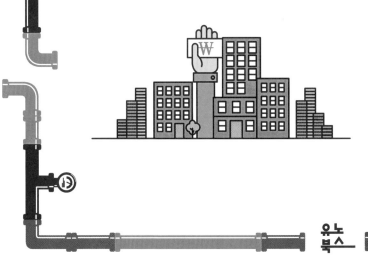

유노
북스

지식산업센터 초보 투자자의 고민을 100% 이해하고 답한 책

렘군 (부동산사관학교 '푸릉' 대표)

생소하고 어려운 지식산업센터 투자를 어쩜 이렇게 초보자 관점에서 잘 썼을까? 이 책에는 왕초보도 쉽게 따라 할 수 있는 방법이 가득 담겼다. 부동산 초보 투자자는 아파트에만 관심이 많다. 그러다 부동산 경기가 안 좋아지면 초보 투자자가 고를 수 있는 선택지는 좁아진다. 그래서 투자자에게는 현금 흐름이 중요한데, 이 책은 그 흐름을 만들 대안으로 수익형 부동산인 지식산업센터를 제시한다. 지식산업센터 투자를 해야 하는 당위성, 기본 개념, 사람들이 자주 하는 고민, 권역별 분석, 투자 조언에 이르기까지 중요한 내용을 두루 담고 있다. 지식산업센터는 특히 개념이 생소하고, 사업자 등록을 해야 하고, 대출도 많이 받아야 하고, 공실 위험이 있는 종목이다. 심지어 여러 지역에 분포해 초보자는 어디서 어떻게 시작할지 몰라 접근하기 어려운데, 저자는 초보자의 궁금증에 속 시원히 답해 준다.

푸릉 지산반 수업에서 처음 만난 저자는 누구보다 임장을 많이 가고 자기 경험을 공유하는 수강생이었다. 투자 성과도 월등히 좋았다. 이후에도 임장과 투자, 경제 칼럼 기고를 이어 가는 모습을 보며 '앞으로 사람들을 이끄는 사람이 되겠구나' 싶었다. 충분한 준비 후 퇴사를 한 선배의 이야기이기도 하니, 부동산으로 현금 흐름을 만들고 싶은 분뿐 아니라 파이어족을 꿈꾸는 분들에게도 이 책을 추천한다.

실전에 바로 써먹는
지식산업센터 투자 입문서

세빛희 《《2년 안에 무조건 돈 버는 부동산 투자 시크릿》 저자)

현재 부동산 시장의 분위기는 한마디로 '올 스톱'이다. 대출 금리가 치솟고 부동산 규제도 풀리지 않은 상태다. 누군가가 이런 상황에서도 투자를 하는 게 맞는지 묻는다면 '예스'라고 답하고 싶다. 아직도 많은 사람이 부동산 투자라고 하면 아파트만 생각한다. 그래서 더더욱 지금 같은 시기에 투자를 할 수 없다고 생각해 포기한다. 투자에도 트렌드가 있다. 트렌드는 이미 비주택 투자, 틈새 투자로 나아갔다.

비주택 중 가장 대표적인 것이 지식산업센터다. 나도 처음 지식산업센터에 투자할 때 초보로 돌아간 기분이었다. 매물 탐색, 사업자 등록, 대출 발품까지 그 과정이 녹록지 않았다. 그때 이 책이 있었다면 얼마나 좋았을까? 지금 이 책을 읽는 독자들이 너무 부럽다. 저자는 과외 선생님이 옆에 붙어서 공부를 가르치듯 투자 과정을 상세히 알려 준다. 이 정도만 알아도 바로 실전 투자를 할 수 있다.

이 책에 나오는 것처럼 지식산업센터 입지는 역세권에 좋은 일자리가 많은 곳으로 정해져 있다. 입지 변화가 크지 않고 선호하는 곳이 분명하기에 아파트 투자보다 쉬울 수도 있다. 이 책과 함께 공부한다면 분명히 실패하지 않는 투자를 할 수 있을 것이다. 저자의 말대로 너무 잘하려고 하지 말고 그냥 하면 된다. 할 수 있는 최선을 다하면 3년 안에 10억 원, 그 이상의 자산을 이루리라 확신한다.

섬세한 임장으로 정리한
지식산업센터 투자의 모든 것

진와이스 (부동산사관학교 '푸릉' 재개발·재건축 투자 강사)

부동산 투자를 오래 하면서 생긴 노하우 중 하나인데, 나는 현장에 꾸준히 나가는 사람을 깊이 신뢰한다. 투자자의 냉철한 판단력은 컴퓨터를 켜고 사이트를 열어서 나오는 세상에서 추출할 수 있는 것이 아니기 때문이다. 이 책의 저자는 그중에서도 단연 으뜸이다. 항상 현장에 가고, 현장에서 움직이는 시세와 소리에 귀 기울이고, 이를 바탕으로 판단하고 투자한다. 그렇게 똑똑하게 부자가 됐다.

이 책의 저자를 좋아하는 진짜 이유는 그의 따뜻한 인품 때문이다. 큰 그릇으로 다른 사람의 가치를 인정해 주고, 나눌 줄 아는 마음을 가졌다. 현란하게 말을 잘하고 주위를 압도하는 유형은 아니지만 처음 투자를 시작하는 사람의 마음을 잘 알고 기꺼이 손을 내밀어 줄, 또 기꺼이 그 길을 함께 걸어가 줄 사람이다. 역시나 이 책에도 그동안 고생해서 정리한 지식산업센터의 모든 지식과 노하우를 모두 쏟아부었다. 내가 좋아하는 투자자답다. 그래서일까? 저자는 부동산 부자이면서 사람 부자다. 나도 그중 하나여서 행복하다.

시작하는 투자자를 위한
맞춤형 안내서

핸담 (부동산 강의 플랫폼 '로그인부동산' 운영자)

저자와는 부동산 투자자가 아닌 1인 기업가로 성장하는 과정에서 만났습니다. 알면 알수록 '주는 사람giver'에 최적화된 분이었습니다. 본인이 아는 것을 항상 주려 하고 도와주려 했습니다. 이 책에는 그런 저자의 성향이 정말 잘 담겼습니다. 왜 우리가 투자를 시작해야 하는지, 직장인과 월급쟁이의 마음을 누구보다 잘 아는 저자가 직접 겪은 변화의 과정 속에서 솔직하게 느낀 감정이 담겨 있습니다. 부동산 지식을 줄 뿐 아니라 인생을 살아가기 위해 필요한 생각을 전환하는 계기가 되는 책입니다.

이렇게 지식산업센터를 A부터 Z까지 알려 주는 책은 처음이었습니다. 지식산업센터 투자는 이론이 어렵다기보다 그 과정에서 예기치 못한 문제와 많이 만나는데, 실제로 투자하며 어려웠던 점, 헷갈리는 것들을 명확하게 설명해 주어서 놀랐습니다. 이제 시작하는 분들을 도와주고 싶은 저자의 마음이 잘 느껴지는 친절한 책입니다. 이 책을 보시는 모든 분은 투자의 첫 단추를 잘 꿰었다고 생각합니다.

내향적인 늦깎이
초보자도 성공한
지식산업센터 투자

투자를 할 수밖에 없었던 월급쟁이 내향인이 투자자로 성과를 거두기까지의 과정을 담은 이야기다. 나는 MBTI 성격 유형 검사 결과 I로 시작하는 내향인이다. 어릴 적에는 부끄러워서 화장실에 가고 싶다는 말도 못했고, 단체 사진을 찍을 때면 중간보다 구석이 편했고, 발표 시간에는 책상 아래로 고개를 떨구었다. 취업을 위해 면접을 볼 때도, 회사에서 발표를 할 때도 청심환을 먹을 정도로 다른 사람 앞에 서는 것을 어려워했다.

사회는 외향적인 사람에게만 기회를 준다고 생각했다. 부모님도, 선생님도 그런 사람이 되라고 다그쳤다. 내향적이기 때문에 실패했다고 여긴 적도 있다. 하지만 요즘은 다르다. 외향적이든 내향적이든 성향일 뿐이며 둘 다 장단점이 있다고 생각한다. 생각이 많고 신중한 내향인도 투자자로 성공할 수 있다는 것, 소통과 협상을 해야만 하는 부동산 투자에서 내향인이 성과를 낸 방법을 이 글을 통해 말해 주고 싶다.

대부분의 부동산 투자자처럼 나 또한 아파트 투자부터 시작했다. 2014년에 우연히 들은 세종시 개발 소식과 규모에 돈을 벌 수 있겠다는 근거 없는 확신이 들었고 투자를 감행했다. 아무런 분석 없이 매수를 했는데 공급량이 엄청나 매매가와 전세가가 횡보했다. 그리고 2016년에는 내가 거주할 집으로 거주지 주변 택지 개발 지구의 아파트를 분양받았는데, 마찬가지로 공급 과잉이라 큰 수익을 얻을 수 없었다.

이렇다 할 준비 없이 다주택자가 되었고 불안했다. 아파트를 팔아서 1주택자가 되려고 했으나 선뜻 사려는 매수자가 없었다. 이후 정부가 다주택자를 규제하기 시작했는데, 놀랍게도 아파트 가격이 물가 상승률을 비웃듯 빠르게 앞질렀다. 그때 부동산 투자의 위력을 실감했고, 부동산 투자 수익이 연봉을 앞지를 수 있다는 사실을 깨달았다. 선투자 후공부였다.

하지만 점점 더 강해지는 정부 규제로 아파트 투자는 마치 족쇄를 차고 걷는 것처럼 힘들었다. 그래도 희망을 잃지 않았다. 분명 틈새가 있을 것으로 생각했다. 틈새를 찾기 위해 부동산에 끊임없이 관심을 쏟고 책을 읽었다. 마침내 찾은 틈새는 바로 수익형 부동산이었다. 그중 지식산업센터는 80% 수준의 대출 레버리지가 가능했고, 건실한 임차인이 입주해 임대 관리가 어렵지 않아 내향적인 나에게는 매력적인 종목이었다.

처음 지식산업센터 투자를 접했을 때는 많이 당황했다. 아파트 투자와 너무 달랐기 때문이다. 무엇보다 정보를 구하기가 어려웠다. 매물을 어디서 찾는지, 분양은 어떻게 받는지, 사업자 등록은 어떻게 해야 하는지…. 결국 기초부터 다시 쌓아 올린다는 마음으로 투자 공부를 시작했다. 수시로 임장을 다녔고 초조할 때는 목표를 떠올리며 마음을 다잡았다. 그러자 아파트 투자를 할 때는 묶여 있기만 했던 큰돈이 흐르기 시작했고 마침내 경제적 자유까지 닿았다.

지식산업센터는 100% 월세로 현금 흐름을 만들어 내기 때문에 자연스럽게 다른 투자로의 파이프라인을 만들어 주는 영리한 투자처다. 이 책에는 내가 지식산업센터 초보 투자자였을 때 겪은 어려운 점, 지금도 놓치기 쉬운 점 등을 떠올리며 초보에게 필요한 정보를 쉽게 설명하려 노력했다. 생소한 분야라고 겁먹지 말자. 내향적이더라도, 초보라도 꾸준한 공부와 경험을 이기는 힘은 없다.

경제적 자유를 향한 당신의 여정에 함께할 꼼꼼한 투자 가이드

많은 직장인이 퇴사 후의 경제적 자유를 꿈꾸지만 준비 없는 퇴사는 달지 않다. 근로 소득으로 현금 흐름이 있을 때 투자를 해야만 퇴사 시기를 앞당기고 소득 시스템을 마련할 수 있다. 이제껏 어떤 투자도 하지 않았던 사람이라면 시작하기엔 이미 늦었다고 생각할지도 모른다. 하지만 막상 투자를 시작하면 수익을 얻는 시점은 비슷하다. 투자가 수익화되는 시점이 그리 오래 걸리지 않다는 것을 알았으면 한다.

1장에서는 맞벌이든 외벌이든 고연봉자든 월급이라는 오아시스 곁에서 떠나지 않는 사람들이 투자해야 하는 이유를 설명한다. 월급쟁이의 끝은 무엇일까? 은퇴, 즉 멈춤이다. 자의든 타의든 월급은 멈추니 그 전에 준비가 필요하다. 혹자는 "누가 정년 퇴직을 할 때까지 일만 하고 싶겠나?"라고 이야기할 수 있지만 고연봉자일수록, 맞벌이일수록 오아시스의 달콤함에 취해 준비에 소홀해질 수 있다.

월급에 의존하지 않겠다고 마음먹었다면 어떤 부동산에 투자해야 하는지 의문이 생길 것이다. 2장에서는 지식산업센터에 투자해야 하는 이유로 지식산업센터의 일곱 가지 장점을 설명했다. 투자자들의 객관적인 판단을 위해 투자 시 주의해야 할 점도 덧붙였고, 지식산업센터 수익을 다른 투자로 연결하는 법에 대해서도 이야기했다.

부동산의 '부' 자도 모르는 초보자도 지식산업센터에 투자할 수 있을까? 가능하다. 이를 위해 3장에는 다년간의 꼼꼼한 임장으로 얻은 매물 탐색 기술, 부동산 중개소 소장님과 이야기하는 법, 지식산업센터 내 좋은 호실을 고르는 법, 분양권과 기축의 장단점, 성공적으로 대출을 받는 방법, 임대 과정에서 초보 투자자가 알아야 할 점, 월세를 높게 받아야 하는 이유 등을 정리했다. 초보자들을 위해 부동산 투자 관련 용어들을 최대한 풀이해 놓았으며, 스토리가 있는 구성으로 딱딱하지 않게 설명했다.

투자 방법을 알았다면 자리에서 일어나 밖으로 나가야 한다. 4장에서는 황금 지식산업센터의 입지 조건을 분석했다. 크게 시세 차익형으로 접근해야 수익을 얻을 수 있는 입지와 월세 수익을 얻을 수 있는 입지로 나눠 설명했다. '임장'이라는 단어를 모르는 부동산 초보자도 수익을 만들 수 있을 정도로 안정적인 지역만을 선택해 이곳들이 왜 수요가 많은지, 평 단가는 어떠한지, 수익률은 어떻게 계산하는지에 대해서 설명했다.

4장을 읽고 나면 바로 지식산업센터 임장 여행을 가 보자. 부동산 투자는 머릿속에 글을 넣는 것만으로는 부족하다. 눈과 다리를 통한 경험은 투자자 자신에게 믿음을 준다. 지식산업센터는 아파트와 달리 특정 지역에 집중돼 있어 수도권 전철을 이용해 충분히 임장을 갈 수 있다. 지식산업센터에 투자하려면 최소한 여기 소개한 입지를 다 둘러보기를 추천한다. 또 여기 소개한 황금 지식산업센터 평 단가 등은 책을 집필하는 시점의 정보이기에 실전 투자를 하고 싶다면 직접 임장을 다니는 것을 추천한다.

5장에서는 초보 투자가가 성공해 부자가 되기 위해 가져야 할 마음가짐 일곱 가지를 소개한다. 초보 투자자에게 필요한 많은 시도,

그 시도를 포기하게 만드는 실패, 수많은 실수와 실패가 일반적이라는 사실, 경험의 과정이 중요한 이유에 대해 알려 주고 싶었다. 투자의 기본은 최소 자본과 리스크로 최대 수익을 보는 것이다. 경험을 쌓을수록, 다른 사람의 실패 경험을 레버리지 삼아 꾸준히 투자할수록 성공한 투자자가 될 것이다. 이 책이 당신의 시행착오를 줄이고 경제적 자유와 안전한 노후로 이끌어 줄 가이드가 되기를 바란다.

여기 적힌 내용을 읽고 초보 투자자들이 지식산업센터의 매력을 알고 투자까지 연결한다면 좋겠지만, 투자자의 상황에 따라 그러지 못할 수도 있다는 것을 안다. 그럼에도 초보 투자자가 입지에 대해 상상을 하고 그곳에 가고 싶은 마음이 생긴다면 이 책의 목표에 근접했다고 생각한다. 적어도 수익형 부동산과 지식산업센터를 조금이라도 가볍게 인식하는 계기가 되기를 바란다.

만약 투자를 하기로 결심한 투자자가 있다면 가장 중요한 한 가지를 당부하고 싶다. 여기 적힌 투자법을 머릿속으로만 이해해서는 안 된다는 것이다. 중요한 것은 실천이다. 현재 부동산 심리가 위축된 것은 사실이다. 하지만 신흥 부자들은 항상 위기 속에서 탄생했다. 인생은 선택의 연속이다. 위기를 극복하는 것과 피하는 것은 완전히 다르다. 극복하면 불안정하고 불편하지만 변화하며, 피한다면 안정감을 느끼지만 아무것도 변하지 않는다. 여러분은 지금 이 시점에서 어떤 선택을 할 것인가?

• 차례

1장 • 월급은 옵션, 투자는 필수인 시대가 왔다
: 내향적인 월급쟁이가 투자에 뛰어든 이유

2장 • 현금 파이프라인을 만드는 지식산업센터
: 지식산업센터의 일곱 가지 매력

3장 • 한 번 보고 바로 실천하는 지식산업센터 투자
: 초보자라면 꼭 알아야 할 투자 과정 A to Z

4장 • 사야 할 지식산업센터는 따로 있다

: 왕초보도 돈 버는 황금 지식산업센터의 조건

5장 · 늦깎이 왕초보 투자자가 투자로 성공한 비결

: 부자를 향한 일곱 가지 마인드 셋

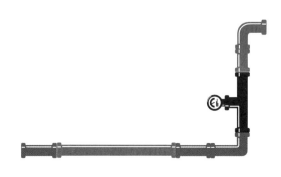

1장

월급은 옵션,
투자는 필수인
시대가 왔다

: 내향적인 월급쟁이가 투자에 뛰어든 이유

평생
돈의 노예로 살 것인가?

    나는 지금의 소비 방식을 유지한 채 30년 이상 일하지 않고 살아갈 수 있는 돈을 모았다. 현재 또 다른 파이프라인을 구축하고 있기에 일하지 않아도 될 기간은 더욱 늘어날 것이다. 하지만 10년 전에는 집 한 채와 주어진 월급에 만족하는 그저 그런 직장인이었다. 과연 월급에 모든 것을 의지했으면 이렇게 성장할 수 있었을까? 월급은 양날의 검이다. 내가 근무했던 대기업의 울타리가 지금의 상황을 만들어 준 초석임을 부정하지는 않는다. 근로 소득을 바탕으로 현재의 모습을 만들었기 때문이다. 하지만 월급이 올라갈수록 그 월급이 결국 내 발등을 찍을 수 있다는 사실을 알려 주고 싶다.

억대 연봉, 월 1,000만 원. 생각만 해도 흐뭇하다. 평범한 직장인이 꿈의 연봉을 받을 수 있는 시기는 언제일까? 직장에서 승진해 임원이 되는 것이 목표인 사람은 끊임없이 달려야 한다. 하지만 대부분 입사하고 얼마 지나지 않아 현실을 직시하고 직장 생활의 최고봉인 임원에 대한 목표를 접는다.

직장인은 두 갈래로 나뉜다. 월급의 오아시스 근처에서 떠나지 않으려는 부류, 오아시스에 잠깐 들러서 물을 마시고 사막을 건너려는 부류다. 직장인이 연봉 대비 회사에 기여하는 에너지는 월급의 10배이상이라고 생각한다. 만약 후자라면 직장에 쏟는 월급의 10배 정도되는 에너지의 일부를 자신에게 쏟아야 한다. 하지만 고연봉일수록이 사실을 깨우치기가 어렵고 알아차리기까지 오랜 시간이 걸린다.

공무원 혹은 대기업 직원도 마찬가지다. 이들은 해고의 위험이 높지 않고 월급도 안정적으로 오른다. 월급이 언젠가 멈춘다는 사실을알고 있지만 당장 체감하지 못한다. 그렇지만 월급은 임원까지 갈수 있다는 희망이 사라질 때쯤 함께 멈춘다. 만약 우리의 방향이 오답이라면 지금부터라도 다르게 풀어 나가야 한다.

은퇴 이후에도
원하는 일을 하면서 살자

기대 수명 100세 시대지만 정년퇴직 시기는 60세에서 65세 정도다. 일을 하지 않고 살아가야 할 기간이 최소 20년이고, 기대 수명이 점점 늘어나 40년을 더 살아야 할 수도 있다. 혹자는 40년 정도는 정부 정책이나 보조금에 기대서 버틸 수 있다고 말하지만 과연 그럴까? 첨단 기술 기반의 기업은 빠르게 변화해 정년을 채워 퇴직하기도 힘들다. 여기서 '힘들다'는 세 글자로는 직장인의 스트레스와 무너진 자존감 등이 얽힌 큰 아픔을 모두 표현할 수 없다. 알다시피 회사에서는 우리를 그냥 두지 않는다. 상처를 가득 받고 스스로 퇴직서를 던질 확률이 높다.

50대 후반에 퇴직을 한 선배들의 소식을 종종 들었다. PC방, 음식점, 슈퍼마켓, 베이커리, 아파트 관리 사무소에서 일한다는 이야기였다. 대부분의 소식은 오리무중이다. 사업이나 투자를 하고 있다는 소식은 들리지 않았다. 50대 후반의 직장인이라면 리더의 경험도 있고, 어느 정도 높은 직급에서 많은 대우와 혜택을 받을 것이다. 그런데 안타깝게도 대기업 직장인일수록 개인이 다루는 업무의 범위가 좁아서 다음에 할 일을 선택하기가 어렵다. 선택지에는 성에 안 차는 일로 가득하지만 이전 회사에서의 지위를 유지하고 싶을 것이다.

회사 울타리를 벗어나는 순간부터 우리는 길에 지나가는 나이 많고 배 나온 아저씨일 뿐이다. 아무도 아니기에 0부터 준비해야 한다. 그러한 이치를 미리 깨닫고 준비하는 자만이 선택의 자유를 누릴 수 있다. 즉 경제적 자유는 선택의 자유다. 돈의 압박에서 벗어나 우리가 원하는 시간에, 원하는 장소에서, 원하는 일을, 원하는 사람과 할 수 있는 자유다.

선택의 자유를 얻는 방법이 바로 부자가 되는 것이다. 경제적으로 자유로워지면 대부분의 선택에서 자유로워진다. 당신은 어떠한가? 과연 지금의 월급으로 선택의 자유를 얻을 수 있을까? 당신이 이미 이에 대한 답을 알고 있으리라 확신한다. 대부분의 직장인이 월급이 사라지는 마법을 경험할 테니 말이다.

투자 없이는
경제적 자유도 없다

100세까지 노후를 보장받기 위해 돈이 얼마나 필요한지, 해당 액수를 모으려면 매년 얼마나 모아야 하는지, 언제까지 모아야 하는지 계산해 본 적 있는가? 꼭 계산해 보기를 바란다. 나는 오로지 퇴직금과 연금, 모아 둔 자금만으로 살아가야 한다고 상상하니 조마조마했다. 인간은 이득보다 손실에 더 민감하게 반응하기 때문에 소비만 할 경우 재정적으로 안전하지 못하다는 심리적 압박을 크게 받는다. 그래서 직장인이라면 근로 소득이 올라가는 시기에, 사업자라면 현금 흐름이 좋은 시기에 다른 투자를 시도해야 한다. 당장 수익이 나지 않는 것은 당연하다. 이제 월급에서 벗어나 다르게 돈을 버는 시도를 해 보자. 많은 시도에서 반드시 실패하고 실수할 것이다. 최소한 지금이라도 자신이 만든 한계 안에 스스로를 가두지 말자.

부모님 시대에는 적금 이자가 10%가 넘었다. 저축 자체가 재테크였던 시대다. 지금은 40대 중장년보다 2030 청년들이 오히려 재테크의 중요성을 더 잘 알고 있다. 사회가 자신의 인생을 책임져 주지 않는다는 것도 이미 체험했다. 취업은 어렵고 예금 금리는 저렴하고 집값도 비싸서 내 집 마련조차 어렵기 때문이다. 세상은 급변했고 앞으로 변화의 가속도는 기성세대와 완전히 다를 것이다. 지금은 아파트, 주식 등이 필수 재테크 종목이라 해도 다음 세대에는 어떻게 변화할지 모른다. 투기라고 무시하는 코인이 미래에는 당연한 투자 자산이 될 수 있다. 투자는 필수고 월급이 옵션인 시대다.

월급만 받으면서
나이 든다는 불행

수도권 소재의 공대를 졸업했다. 대학생 시절에는 집에서 독립하고 싶은 욕심이 컸고, 스스로 돈을 벌어야만 진정한 독립이라고 생각했다. 정보 통신학이라는 전공을 살리려면 휴대폰 제조업체에 취업을 해야 했지만 커트라인이 높다는 소문을 듣고 부품 업체를 선택했다. 딱 회사가 원하는 만큼의 토익 등급과 학점 스펙을 마련했고, 그렇게 삼성전자 반도체 사업부에 입사했다.

세상을 다 얻은 것 같았다. 나를 보는 부모님과 친구들의 눈빛이 달라졌고 그 시선을 즐겼다. 모나지 않은 성격인데다 눈치도 꽤 빨라 무리 없이 회사에 적응했고, 같은 직군의 회사 동기인 아내를 만

나 적당한 시기에 결혼에 골인했다. 정리하면 이제껏 인생에 큰 굴곡이 없었다는 말이다. 수능 재수도 하지 않았고, 취업 준비생의 어려움도 느끼지 못했고 삼성전자 맞벌이까지 이루었으니 꽤나 성공한 인생이라 생각했다.

대기업 월급쟁이는 준재벌인 줄 알았다

당시는 반도체 분야가 호황인 시기였기에 월급도 괜찮았고 성과급도 어마어마했다. 맞벌이였기에 남들보다 두 배를 벌었다. 회사 동료들은 우리 부부의 월급과 성과급의 규모를 알기에 은근히 부러워하면서 우리를 부자라고 불렀고, 우리는 부정하지 않았다. 모든게 순조로웠다.

씀씀이는 준재벌급이었다. 우리 부부는 모임을 좋아했고, 인맥이 재산이라고 생각해 모임에 끊임없이 참석했다. 모임비는 당연한듯이 우리가 냈다. 그래도 생활에 부담이 되지 않는, 감당할 수 있을 만한 수준의 소비였다. 해외여행도 1년에 두 번 정도 다녔고 백화점 단골이었다. 소비량이 제법 큰 편이었지만 두 번의 월급으로 다 메꿀 수 있었고 돈 때문에 힘든 적은 없었다.

남는 돈으로는 여러 저축을 들고 보험에 가입했기에 철저하고 든든하게 노후를 준비하고 있다고 믿었다. 비과세인 '장기 주택 마련 저축'을 하면서 스스로 훌륭한 재테크라고 생각했다. 과도한 신용 카드 대금은 장기 주택 마련 저축의 불입금을 조절하면서 납부했다. 지금 생각하면 아찔한데 그 당시에는 현명한 소비라고 착각했다. 이런 소비를 약 10년 정도 지속했다.

계획적이지 않은 준재벌의 씀씀이로 위기가 온 적도 있다. 신혼여행을 프랑스로 갔고 파리에서 명품을 구입했다. 바로 그해에 즉흥적으로 일본 여행을 다녀왔는데 결국 카드값이 너무 많이 나왔다. 유일한 재테크였던 장기 주택 마련 저축을 해지해 카드 대금을 납부하려 했는데 비과세가 아깝다는 생각이 들었다. 그래서 선택한 방법이 퇴직금 중간 정산이었다.

단지 신용 카드 대금을 갚기 위해 퇴직 후 받을 수 있는 미래 자금을 사용한 것이다. 그럼에도 우리 부부는 뿌듯해했다. 신용 카드 대금을 갚고도 돈이 남았기 때문이다. 그 돈은 그냥 통장에 넣어 두었다. 지금은 어디에 있을까? 모르겠다. 계획 없는 소비를 했고 오롯이 하루를 사는 데 충실했다.

시간이 흘러 과장이 되었다. 덩달아 월급도 올랐고 성공한 기분도 들었다. 직급이 올라갈수록 늘어나는 업무를 시간으로 메꾸었다. 하루에 12시간 이상을 일했고 시간과 맞바꾼 야근 수당은 고스란히 보복 소비로 흘러 들어갔다. 미래를 위한 투자? 남 이야기였다. 나는 회사 안의 작은 톱니바퀴일 뿐이었지만 울타리 안에서 씀씀이를 줄일 생각은 없었다.

월급쟁이,
부자가 되기로 결심하다

비로소 현실이 눈에 들어온 것은 과도한 업무로 몸과 마음이 무너지면서부터였다. 대기업의 울타리를 벗어나면 아무것도 아닌 나. 내 실력이 아닌 그 울타리를 성공으로 여긴 나. 월급이 끊기면 과연 지금 같은 생활을 할 수 있을까? 이런 고민이 현실로 다가오자 점점 웃음이 사라졌다. 좋아하는 일만 할 수 없는 직급이라 스트레스를 많이 받고 책임도 커져 회사 생활이 힘에 부치기 시작했다. 자연스럽게 모임에 나가지 않았고 사람들과 서먹서먹해졌다.

그 와중에 우리 부부는 아이가 생기지 않아 고생을 했다. 시험관 시술로 유명한 병원을 다니고 좋은 한약을 먹으면서 끊임없이 소비했다. 그때 아내가 폭탄선언을 했다. 회사 생활이 너무 힘들고, 아이가 생기지 않는 것도 그 때문이라고 판단해 퇴사를 하겠다고….

부부 싸움이 잦아졌다. 삶의 소비 방식이 대기업 맞벌이의 수입에 최적화되었는데 월급 하나가 끊길 위기였기 때문이다. 겉으로는 아내의 퇴사를 찬성했지만 내심 그러지 않기를 바랐다. 힘들면 휴가를 길게 쓰면 되지 퇴사까지는 아니라고 생각했다. 목까지 올라오는 이 말을 삼켰다. 그때 비로소 깨달았다. 나는 준재벌이 아니었다. 재벌은 삼성전자였고 나는 월급쟁이였다. 이것이 대기업 맞벌이 과장 부부의 현실이었다.

맞벌이는 돈을 모으기에 유리하다. 하지만 독이 될 수 있다. 계획

하지 않은 지출로 점점 커진 소비량이 맞벌이를 부추겼다. 처음으로 인터넷에 '재테크'를 검색해 봤다. 월급 이외에 돈을 벌 수 있는 방법을 얼른 찾고 싶었다. '저축이나 보험을 깨야 하나?', '지금 자금이 얼마나 있지?', '주위 동료들이 주식을 많이 하는데. 딱히 돈을 번 사람은 보이지 않지만 주식을 해 볼까?' 등의 생각이 머릿속을 가득 채웠지만 결국 자산을 불리는 방법보다 줄이는 방법에 더 집중했다. 당장 재테크로 돈을 늘리기는 어려웠기 때문이다.

얼마 지나지 않아 아내가 퇴사를 번복하면서 회사로 복귀했기에 상황은 일단락됐지만, 이 과정을 통해 소비를 줄이는 것이 만만치 않다는 사실을 깨달았다. 우리 부부는 소비를 줄일 준비가 전혀 되어 있지 않았다. 이런 상황에서 소득이 줄어들면 안정적인 외벌이보다 재정 상태가 더 악화될 수 있다.

나는 그래서 투자를 하기로 결심했다. 외벌이든 맞벌이든 월급쟁이에게는 근로 소득 외의 파이프라인이 필요하다. 월급은 시간이 지나면 멈추기 때문이다. 특히 회사의 작은 톱니바퀴 역할을 하는 직장인일수록 울타리 밖을 쳐다봐야 한다. 고연봉자도 마찬가지다. 오히려 고연봉에 취한 상태라 월급이 사라질 위기가 오면 당장 소비를 조절하지 못해 그대로 가난해질 가능성이 크다. 즉 월급에만 의존하면 생존 싸움에서 진다.

오늘날 평생 직장은 없다. 버티고 버텨서 60대에 정년퇴직을 해도 평균 연령 80세까지 생계를 유지해야 하는 이른바 '장수 리스크'를 맞이한다. 직장인이라면 최대한 빨리 울타리 밖 세상을 봐야 한다. 당장 퇴사를 하고 전업 투자를 하라는 뜻이 아니다. 투자는 퇴사하지 않아도 가능하다. 부동산에 투자하든 주식에 투자하든 코인에 투자하든 스마트스토어를 운영하든 방법은 자유롭게 선택하면 된다. 나한테는 그 시도가 바로 부동산이었다.

투자 공부는
곧 인생 설계다

지금 누군가는 퇴사를 생각하고 있을지 모른다. 직장인 대부분이 가슴에 사직서를 품고 있다. 나도 그랬다. 경쟁에 지친 채 상사의 기준에 맞추다 보니 소진된 것일까? 몸에 먼저 문제가 생겼다. 어느 날 시야가 뿌옇게 보여서 병원에 갔더니 포도막염이라는 진단을 받았다. 재발이 잦다 보니 의사는 큰 대학 병원으로 가 보라고 했다. '큰 병원'이라는 말에 심장이 철렁 내려앉았다. 난치성 질환인 강직성 척추염 진단을 추가로 받았다. 그렇게 몸부터 시작해 마음 건강에도 문제가 생겼다.

24시간 돌아가는 업무 특성상 퇴근 후에도 일을 해야 했고, 상사나 거래처와의 관계에서도 을z의 위치였기에 건강의 문제가 곧 마음으로 연결됐다. 출근길을 지옥으로 가는 길처럼 느꼈고 교통사고가 나면 좋겠다는 생각도 했다. 결국 정신과 상담을 받았다. 우울증 약을 먹으면서도 괜찮은 척하며 직장 생활을 지속했다. 당연히 집안 분위기도 좋지 않았다. 퇴근 후 아내 앞에서 죽을 것 같다고 말하며 많이 울었다. 자연스럽게 퇴사를 생각했고 육아 휴직으로 예행연습을 하기로 했다.

육아 휴직을 하고 나서는 방황의 연속이었다. 두 살 아이를 어린이집에 보내지 않고 직접 돌보았기에 다른 것을 배우거나 시도할 시간이 절대적으로 부족했다. 간절함도 부족했다. 퇴사 후에 어떻게 먹고살지 방향을 찾으려 했지만 잘 보이지 않았다. 무언가 해야 하는데 무엇을 해야 할지 모르는 상황이었다. 아무런 준비가 되어 있지 않았던 것이다. 왜 퇴사하기 힘들고 미래 대비에 절실하지 않은지 고민해 봤다. 대답은 여러 가지였지만 결국 돈 때문이었다. 매달 들어오는 월급의 유혹이 컸다. 편한 곳으로 재취업을 해야겠다고 생각했다.

9급 공무원 시험을 치기 위해 인터넷 강의를 등록하고 새벽 5시에 일어나 공부했다. 하루에 총 4~5시간 정도 공부했지만 합격하기에도, 공부를 지속하기에도 역부족이었다. 정답이라고 생각했던 그 길에 오래 몰두하지 못했다. 간절함이 부족했고 의지는 쓰레기였다. 아이의 잠자는 시간에 따라 공부 시간도 들쑥날쑥했다. 그렇게 첫 번째 시도는 처참하게 무너졌다. 아내가 돈을 벌고 있어서였을까? 아니면 아직 회사라는 오아시스가 있어서였을까? 결국 10개월간의 육아 휴직은 온전한 나만의 시간을 확보하지 못한 채 끝이 났고 다시 직장으로 복귀했다.

준비 없는 퇴사는
독사과를 먹는 것과 같다

의외로 복귀 후 초반에는 회사 생활이 괜찮았다. 죽고 싶을 정도로 우울했고 회사 책상에 앉기만 해도 속이 울렁거렸지만 육아 휴직으로 회사와 거리를 둔 만큼 회복되었다. 하지만 이전의 모습으로 돌아가기까지 그리 긴 시간이 걸리지 않았다. 다시 정신 건강 의학과에 다니기 시작했고 퇴사를 생각했다.

이번에는 퇴사를 하더라도 곧 부족해질 돈 문제뿐만 아니라 퇴사 이후의 삶을 무엇으로 채워야 할지에 대한 방향성을 찾으려 했다. 직장인이 아닌 다른 길을 찾기 위해 누군가의 조언을 듣고 싶었지만 주변에 조언해 줄 사람이 없었다. 자연스럽게 책에서 방법을 찾기 시작했고 그때《나는 부동산과 맞벌이한다》를 마주쳤다. 저자 너바나가 운영하는 카페에도 가입하고 추천받은 부동산 책을 닥치는 대로 읽었다. 신문을 읽고 부동산 팟캐스트를 들었다. 부동산 투자자로서 첫발을 내딛는 순간이었다.

퇴사는 인생의 어려운 결정 중 하나다. 퇴사는 왜 어려울까? 솔직해지자. 돈 때문에 망설이는 사람이 많을 것이다. 요즘을 N잡의 시대라고들 부른다. 부모님 세대와 달리 직장을 다니면서 병행할 수 있는 부업이 많아졌다는 뜻이다. 투자도 그중 하나다. 하지만 부업을 한다고 해서 바로 수익이 생기지는 않는다. 그런 기대는 욕심이다. 직장인이든 주부이든 온전한 내 시간을 확보해서 먼저 돈 공부를 해야한다. 확보된 작은 시간들이 모여서 조기 은퇴를 앞당겨 준다.

요약하면 당장의 퇴사가 답은 아니다. 퇴사를 하면 하루 24시간이 오롯이 내 시간이 된다. 최소한 돈이 안되더라도 남을 위해서 일했던 8시간을 나의 일로 채울 수 있어야 한다. 큰돈을 감당할 수 없는 백수는 로또에 당첨돼도 돈을 모두 탕진하고 불행해진다. 마찬가지로 시간에도 개인이 감당할 수 있는 양이 있다. 퇴사 후 자신을 위한 일로 채울 수 있는 시간이 2시간인데 8시간이 주어지면 시간을 탕진한다. 게임을 하거나 넷플릭스로 드라마를 보거나 술을 마시며 시간을 보낼 가능성이 있다. 퇴사를 하려면 퇴사 이후의 시간에 대한 준비를 1순위에 둬야 한다. 당장 돈이 안 되더라도 퇴사 이후의 시간을 온전히 내 성장을 위한 일로 채울 수 없다면 퇴사는 답이 아니다.

워커홀릭이 되기보다
투자 홀릭이 돼라

투자 공부할 시간이 필요했다. 남는 시간이 없어 지금까지 어떻게 생활했는지 되짚어 보니 대부분을 노동으로 보내고 있었다. 월급이 내 인생을 책임지지 않는다는 것을 깨닫자 초과 근무한 시간이 아까워졌고, 이 시간을 투자 공부에 쏟기로 했다.

평범한 직장인이라면 현재 열심히 일을 하고 있을 것이다. 일이 재미있을 수도, 상사나 동료에게 인정받는 것이 좋을 수도 있다. 주변의 인정을 받고 싶은 직장인은 제법 유연한 회사 생활을 하고 있을 가능성이 높다. "성실하다", "책임감 있다"라는 말을 자주 들었을 것이다. 동시에 워커홀릭일 가능성도 다분하다. 하지만 워커홀릭은 유통 기한이 짧다. 월급쟁이란 언제든지 대체 가능한 인력이라는 사실을 빨리 인정하자.

나도 누구에게나 인정받고 싶었다. 상사보다 빨리 퇴근하면 죄책감이 들었고 상사가 주말 근무를 하면 당연히 해야 한다고 생각했다. 주말도 없이 '월화수목금금금'으로 초과 근무를 하며 사생활보다 직장 생활을 중요시했다. 야근과 워커홀릭, 지금은 역사 속의 용어지만 그때는 그랬다.

워커홀릭은 돈과 시간을 낭비하는 월급쟁이에 불과하다

당신은 워커홀릭인가? 그렇다면 조심해야 한다. 워커홀릭은 열심히 일만 하니 시간이 없다. 자연스럽게 돈에 대해서도 무감각해진다. 돈 쓸 시간이 없다는 이야기를 하면서 은근히 회사 동료들에게 으쓱해한다. 경제관념이 바닥을 치면서 가끔 시간이 나면 보복 소비를 즐긴다. 월급 통장 속 금액은 고스란히 남아 있고, 주식은 도박이라고 생각하며 주식을 하는 동료들을 보며 피식 웃기도 한다. 그래도 주식을 하는 동료와 교류하기 위해 주식 계좌를 한 번쯤 만들어본다. 그리고 장난삼아 어떤 종목에 투자했다고 이야기한다. 주식은 재테크 생색내기용일 뿐 적금이라도 해야겠다는 생각을 한다. 세금 우대 적금을 넣으면서 스스로 현명한 투자자라고 생각할지도 모른다. 월급 통장을 가지고 적금을 넣고, 신용 카드를 사용해 은행 VIP

고객으로 승급하면 한없이 대견하다고 생각한다.

내 이야기였던 동시에 주위에서 종종 볼 수 있는 모습이었다. 중산층이라고 생각했지만 경제관념은 그렇지 않았다. 귀찮아서 아내에게 자산 관리를 떠넘기고 주위들은 정보를 바탕으로 안 될 종목에 주식 투자를 했다. 수익률이 좋을 리가 없었시만 없는 돈 셈 친다며 스스로를 위안했다. 경매에도 회의적이었다. 경매 공부를 하던 한 동료가 경매 학원에서 공부를 하고 물건을 분석하는 모습을 보고 '왜 경매를 하지? 돈 모아서 좋은 아파트를 사면 될 것을…'이라고 생각하며 조언을 빙자한 부정적인 이야기만 했다. 인간은 위험을 이겨내고 시도하는 방향보다 피하는 방향으로 설계돼 있다고 한다. 나 또한 본능에 충실했고 아무것도 시도하지 않는 사람이었다.

왜 이 같은 워커홀릭이 됐을까? 정확하게는 왜 초과 근무를 하게 됐을까? 어쩌면 정해진 근무 시간에 집중하지 않았기 때문일지도 모른다. 직장에서 동료들과 업무 외에 어떤 주제로 대화를 나누는지 생각해 본 적이 있는가? 대부분 소비에 관한 이야기일 것이다. 예를 들어 보겠다. 직장인이라면 절대 잊어버리지 않을 윈도우 단축키가 있다. 바로 작업 창을 전환하는 'Ctrl+Tab'이다. 업무 시간에 이를 적절히 사용하면서 인터넷 쇼핑 등 입무와 무관한 일을 할 것이다. 소비 이야기는 사지도 못할 고급 자동차부터 해외여행에 대한 주제까지 끊임없이 이어지다 자기 자랑으로 번진다. 소비에 대한 대화는 한번 터지면 티타임까지 계속된다. 티타임의 결말은 뒷담화다. 회사라는 울타리 안에서 별 볼 일 없는 주제로 에너지를 소비하는 경우가 많고, 큰 소비가 성공이라고 착각한다.

어떤 사람들은 생활비를 벌기 위해 야근이라고도 부르는 초과 근무를 한다. 이 경우는 차라리 초과 근무하는 이유가 분명하니 이해가 된다. 문제는 예시처럼 업무와 연관 없는 일, 뒷담화 등 소모적인 일을 하면서 늦게까지 일하는 경우다. 초과 근무 수당보다 시간이 더 소중하다는 것을 깨닫는 시기가 빠르면 빠를수록 좋다.

지금까지 우리는 주로 본능에 충실한 별 볼 일 없는 대화를 했고 동떨어진 소비 이야기로 소중한 시간을 소모했다. 소모적인 시간이 효율적인 시간보다 많으면 워커홀릭이 될 가능성이 높다. 경제관념은 멈추어 있지만 월급의 오아시스가 있어서 큰 경제적 어려움은 없다. 하지만 자본주의에서 멈춤은 '뒤로 감'을 뜻한다는 사실을 이해하자. 나는 월급이라는 오아시스의 달콤함에 취해 평범한 월급쟁이의 삶을 살았다. 월화수목금금금은 빛 좋은 개살구였다.

부자로 가는 첫 번째 목표, 3년 안에 10억 원을 벌어라

투자의 필요성을 알고 투자 시간까지 확보했다면 투자 목표를 정할 차례다. 무슨 일이든 명확한 목표가 있을 때 시작하기 수월하기 때문이다. 이때 목표는 숫자로 설정하자. 미래의 추상적인 행복을 목표로 잡으면 아무리 돈을 모아도 얼마나 목표에 근접했는지 보이지 않아 지치기 쉽다. 누가 뭐라 해도 처음에는 숫자로 된 목표를 세우자. 초보 투자자라면 3년 안에 10억 원 벌기를 목표로 잡기를 권한다.

왜 10억 원일까? 10억이라는 숫자에는 부자로 진입하는 첫 번째 단계라는 상징성이 있기 때문이다. 하지만 목표만 세우고 끝내면 아무런 의미가 없다. 3년에 10억 원이라고 하면 1년에 얼마를 벌어야 할까? 3억 3,000만 원이다. 3억 3,000만 원을 다시 1개월 단위로 쪼개면 1개월에 2,750만 원을 벌어야 한다. 당신의 월급은 얼마인가? 대기업 맞벌이더라도 세후 1,000만 원을 만들기 힘들 것이다. 대부분의 직장인이 벌 수 없는 수준의 금액이다. 그렇더라도 기죽지 말자. 다른 방법, 즉 흔히 말하는 파이프라인을 찾으면 된다.

이를 위해 대부분은 주식, 가상 화폐, 부동산 투자, 이 커머스에 관한 내용이 담긴 책이나 유튜브, 블로그를 탐독할 것이다. 30대라면 주식이나 코인 투자는 해 봤으리라고 짐작한다. 지금 그 투자는 성공적인가? 큰 이윤을 거두지 못하고 "장난삼아 해 봤다", "남들이 다 하니까 해 봤지"라는 말 뒤에 숨어 있을 가능성이 높다. 그렇다면 월 2,750만 원 벌기라는 목표를 이루기 위해서 먼저 다져야 할 기본은 무엇일까?

투자를 시작하려면
투자금과 경험 레버리지가 필요하다

시작은 간단하다. 수익률이 높은 좋은 곳에 투자하면 된다. 리스크를 줄이려면 부동산이든 주식이든 좋은 것을 사면 된다는 뜻이다. 입지 좋은 대장 아파트를 사면 되고, 우량주를 사면 된다. 물론 모두가 이 사실을 알고 있지만 부동산을 사자니 돈이 부족하고 주식을 하자니 들쑥날쑥한 수익률로 마음이 흔들릴 것이다. 결국 좋은 것을 사려면 투자금을 더 모으거나 현재 갖고 있는 투자금에서 가장 수익률이 높은 투자처를 찾아야 한다.

먼저 투자금을 모으는 법부터 알아보자. 가장 쉬운 방법은 바로 안락함과 불편함을 맞바꾸는 것이다. 택시를 타고 싶어도 걸어가야 한다. 살 것을 사지 못하고 먹을 것을 먹지 못할 수도 있다. 하고 싶은 거 다 하면서 여유롭게 시간을 쓰면 돈을 모으지 못한다. 몸으로 뛰는 재테크, 일명 '몸 테크'를 해야만 시간을 최대한 단축할 수 있다. 투자금이 먼저고 소비는 나중이라는 것을 꾸준히 상기하자. 소비부터 시작하면 적금을 깨 버리지만 적금부터 시작하면 소비를 줄일 수 있다. 적금은 빵빵하고 소비는 빡빡해야 한다. 반대로 하는 순간 투자와 거리가 먼 욜로족이 된다. 욜로는 없는 단어라 생각하자.

지금 가진 소액으로 투자를 하고 싶은 사람은 어떻게 해야 할까? 좋은 투자처를 구별할 수 있는 안목을 키워야 한다. 적은 투자금으로 투자를 하려면 막막하기 때문이다. 돈이 부족해 아무 곳에나 투자할 수도 없으니 정말 어렵다. 그러니 적은 투자금을 가진 투자자일수록 레버리지를 활용해 투자처 보는 눈을 키우자.

이때 레버리지는 대출을 받으라는 말이 아니라 경험 레버리지를 쌓으라는 말이다. 투자는 경험에서 나오는 이론이다. 경험이 중요하고, 주위 사람보다 전문가의 경험을 이해하는 편이 좋다. 경험이 많은 투자자를 알아보는 눈도 필요하다. 투자 블로그 카페, 책 그리고 유료 강의를 활용해 보자. 후기와 댓글을 보고 좋은 유튜브가 있으면 구독해 보자. 그러다 보면 나한테 맞는 투자자를 찾을 수 있다. 물론 이 과정에서 어느 정도 비용이 들지만 이는 더 큰 이득을 위해 들여야 하는 비용이다. 오히려 잘 모르는 상태에서 감을 믿고 우물 안 지식만으로 투자하는 것이 투자를 하지 않는 것보다 위험하다.

유명한 투자자라면 보통 투자 강의를 열기에 이를 수강해도 좋다. 만약 강의료가 저렴하지 않을 때는 이렇게 생각해 보자. 강의료는 비용이고 비용은 곧 레벨이다. 즉 레벨이 높을수록 강의료가 올라갈 수밖에 없다. 비싼 가격에 갈등이 되어도 결론적으로는 강의료가 생각이 나지 않을 만큼 수익이 생길 것이다. 400만 원짜리 강의를 들어서 1억 원을 벌 수 있는데 비싸다고 듣지 않을 것인가? 물론 비싸다고 반드시 좋은 강의는 아니다. 그런데 싼 것 중에 좋은 것은 없다.

내가 투자를 시작한 2015년에는 강의가 그리 많지 않았다. 부동산 커뮤니티도 막 생겨나는 시기였다. 강의도 경매 강의가 대부분이었기에 팟캐스트를 많이 들었다. 신문을 보고 책을 읽으면서 경험 레버리지를 쌓았다. 요즘은 공부하기 매우 좋은 환경이다. 유용한 앱이 많고 부동산 커뮤니티에서 자체 개발한 유료 앱에도 고급 정보가 있다. 꼭 활용해 보자.

3,000만 원을 마련하면 그때부터 시작이다

소액 자본으로 투자를 하기란 정말 힘들기 때문에 초보 투자자라면 일정 수준의 투자금을 모을 것을 추천한다. 투자금을 모으려면 몸 테크를 해야 한다고, 즉 지출을 최소한으로 줄여야 한다고 말했다. 이번에는 투자금을 모을 때 도움이 되는 5단계 습관을 소개하겠다. 단 그 전에 반드시 확인해야 할 것이 있으니, 바로 자신의 자산 현황이다. 현재 자산에서 생활에 필요한 필수 비용을 제외한 돈이 투자금이니 당연한 순서다.

월급의 사전적 정의는 한 달 단위로 지급하는 급료다. 급료는 노동자에게 노동의 대가로 지불하는 돈이다. 즉 월급이란 한 달 동안

어딘가에 속해서 노동으로 번 돈이다. 고리타분한 표현이지만 땀으로 벌어들인 대가다. 지금 여러분의 땀의 대가는 어디로 갔을까? 더 솔직해지자. 과연 어디로 갔는지 생각해 본 적이 있나? 먼저 통장을 확인해 보자. 맞벌이는 월급이 한 달에 두 번씩 들어온다. 만약 적금을 들었다면 이체 내역이 남아 있을 것이다. 다음으로 카드 사용 내역을 보자. 카드사에서는 의도적으로 세부 이용 내역을 숨기기 때문에 총금액만 확인할 수 있을 것이다.

투자는 미래다. 예를 들어 100만 원을 투자해서 110만 원이 된다면 10%의 성과를 올린 것이다. 이때 지금 필요한 돈은 100만 원이고 미래에 얻을 돈은 110만 원이다. 투자는 나에게 현재 투자에 필요한 100만 원이 있는지 아는 것부터 시작한다. 당신은 지금 스스로의 자금 상태를 알고 있는가? 자산 현황을 모르고 시작하는 투자는 몸무게를 모르고 시작하는 다이어트다. 그런데 이런 투자자가 제법 많다. 100%의 수익을 내고 싶은데 수중에 얼마가 있는지 모른다면 아직 투자를 시작하려는 준비가 돼 있지 않은 상태다.

투자금을 모으는
5단계 습관

자산을 파악했다면 이제는 돈을 아낄 차례다. 투자금을 효율적으로 모으기 위한 1단계, 바로 최대한 돈을 쪼개는 것이다. 돈을 모으려면 돈을 손에 잘 닿지 않는 곳에 두어야 한다. 돈은 소모품이라 손에 닿으면 녹기 때문이다. 최대한 눈에 보이지 않아야 덜 쓴다. '통장 쪼개기'를 많이 들어 봤을 것이다. 생활 비용 통장, 투자금 모으기용 통장 혹은 대출금 반환용 통장 등에 돈을 나누어 관리하자. 물론 이렇게 월급을 적당량 쪼개서 관리하는 일은 아주 귀찮다. 잔고가 없다는 메시지를 자주 받아 위축감도 들 것이다. 그럼에도 이 방향이 맞다.

2단계, 바로 신용 카드를 끊는 것이다. 투자를 방해하는 가장 큰 요인은 무엇일까? 바로 신용 카드 사용이다. 신용 카드 결제는 한 달 뒤의 돈을 미리 끌어다 쓰는 것이다. 즉 사용한 금액이 모두 빚이라는 소리다. 지갑에서 현금이 나가는 것과 카드를 긁는 것, 둘 중 어느 쪽이 편한가? 앞서 이야기했듯 소비가 귀찮아야 돈을 아낄 수 있다. 쪼개고 분류하고 이곳저곳에 보내야 한다. 편리한 카드를 사용하는 것은 투자금을 모으기보다 소비를 더 하겠다고 이야기하는 것이다.

'부자 되는 법'을 담은 여러 콘텐츠에서도 부자가 되려면 먼저 카드를 자르라고 공통적으로 말한다. 이에 전적으로 동의한다. 스스로 소비를 조절할 수 있다면 카드를 써도 좋다. 카드 사용으로 생기는 이득도 있기 때문이다. 대출을 받을 때 우대 금리 혜택을 누리려면 일정량의 카드 소비가 필요한 경우도 있다. 그럼에도 일부 투자자들은 카드 사용이 필요한 우대 금리 혜택을 포기한다. 카드 소비의 위험성을 알기 때문이다.

3단계, 소비 내역을 기록하는 것이다. 카드 대금을 갚기 위해 울며 겨자 먹기로 퇴직금 중간 정산을 진행했을 때 처음으로 소비에 대해 생각했다. 그때 가계의 자금 현황을 기록한 파일을 만들었다. 요즘에는 토스 등 모바일 뱅킹 앱이 자동으로 기록해 주지만 이 방법은 추천하지 않는다. 스스로 기록하지 않으면 얼마나 소비했는지 정확히 알지 못하기 때문이다. 돈의 흐름은 반드시 눈과 손으로 확인해야 한다. 귀찮아도 얼마가 나갔고 들어왔는지 우리의 손으로 기록하자.

처음 엑셀 프로그램으로 가계부를 만들고 적은 것은 적금과 보험, 카드값 정도였다. 처음에는 내역을 채워 넣기만 할 뿐 얼마를 사용하는지 체감이 잘 되지 않았다. 소비도 전혀 줄지 않았다. 그런데 이것을 그래프로 변경했더니 한눈에 들어왔다. 그래프에 절대 넘어서는 안 될 소비 상한선을 그었는데, 이 선 하나로 소비가 감소하는 효과를 봤다. 선 위를 상회하는 소비 패턴을 보니 마음이 불편했기 때문이다. 돈 쓰는 것에 불편한 감정이 들어야 소비를 줄일 수 있다.

4단계, 이렇게 소비를 조절할 수 있는 시점이 됐다면 먼저 투자금 3,000만 원을 모아 보자. 3,000만 원은 투자에 필요한 최소한의 금액이다. 물론 부동산 투자가 수익률이 높고 큰돈을 벌 수 있다지만 3,000만 원으로 투자할 곳을 찾기는 힘들다. 하지만 3,000만 원 정도를 모으면 돈 모으기에 재미가 붙고, 그 과정이 쉽지 않았기에 투자처를 신중하게 고르게 된다.

이때 돈 모으기에 재미가 붙어 더 빠르게 큰 투자금을 모으려고 주식 혹은 가상 화폐 투자로 흘러 들어갈 수 있는데, 투자로 투자금을 모으는 것은 추천하지 않는다. 부동산 투자를 마음먹었다면 근로 소득과 저축으로 투자금을 모으자. 주식과 코인으로 투자금을 모으려 하면 목표액을 모을지라도 더 많은 돈을 만져 보고 싶은 욕심이 생겨 타이밍을 잡지 못하기 때문이다. 그리고 어렵게 번 돈이어야만 그 돈의 소중함을 느낄 수 있다.

5단계, 대출액을 파악해야 한다. 엑셀 가계부에 적금, 보험, 카드값 외에 대출액을 적을 탭을 만들자. 투자는 나의 자산을 아는 것에서부터 시작한다고 했다. 자산은 자본과 부채의 합이다. 따라서 내가 당장 가용할 수 있는 대출 크기도 알고 있어야 한다. 신용 대출, 주택 담보 대출, 사업자 대출이든 종류는 상관없다. 끌어올 수 있는 대출을 지속적으로 확인하는 것, 여기까지 파악해야 비로소 투자 준비가 되었다고 생각한다.

늦었다고 생각할 때가 가장 빠른 때라는 진리

본격적으로 지식산업센터 투자법을 설명하기 전에 초보 투자자들을 위해 몇 가지 당부의 말을 드리고 싶다. 이는 경험에서 우러나온 말이기도 하다. 부동산 코칭을 하다 보면 늦은 나이를 책망하는 분들이 있다. 하지만 투자에 늦은 때란 없다. 소액 투자가 가능한 주식은 평균적으로 30대 초반 즈음에 접한다지만 거액이 필요한 부동산을 처음 접하는 시기는 다양하다.

내가 투자를 시작하던 시기에 부동산 투자는 40세 즈음에 시작하는 게 일반적이었다. 지금은 이전 대비 부동산 투자를 시작하는 나이가 많이 앞당겨졌다. 투자가 보편화된 지금은 30대에 부동산 투자를 시작하면 적당하다고 생각한다. 최근에는 몇 번의 매수, 매도를 경험한 20대 투자자도 주위에 있다. 3040에 시작하는 투자자에게는 적절한 시기라고 박수를 드리고 싶다. 5060에 시작하는 투자자에게도 시작했다는 용기에 더 큰 박수를 드린다.

나이 때문에 학습도 힘들고 수익화가 늦어진다고 걱정하는 투자자가 많다. 충분히 이해하지만 다시 한 번 생각해 보자. 뭐가 늦었다는 말일까? 이분들은 근로 소득이나 사업 소득으로 지금까지 생활이 안정적이었기에 투자를 하지 않은 것 아닐까? 그렇다면 '지금 늦었다'는 표현보다는 '지금 투자의 필요성을 알았다' 정도가 맞다.

'지금 해도 괜찮을까?'라는 의문의 바탕에는 '지금 해도 안 된다'는 부정적 생각이 깔려 있다. 만약 당신이 '늦었다'는 생각을 하고 있다면 '어떻게'라는 의문사를 넣어 다시 생각해 보자. '늦었다면 어떻게 빨리 갈 수 있을까? 빠르게 가려면 어떻게 행동해야 할까?'로 말이다. 시작을 할지 말지에 대한 고민이 단숨에 '어떻게 할지', 즉 방법론에 관한 생각으로 변할 것이다. 자동차 딜러가 고객에게 차를 살지 말지를 묻지 않고 어떤 차를 원하는지를 묻는 이유와 같다.

부동산 투자에서 수익을 실현하려면 2~4년이 걸린다. 20대에 시작해도, 60대에 시작해도 2~4년이 걸린다는 뜻이다. 투자는 시간을 먹고 자라기에 이른 시기에 투자 마인드를 가지라는 말에는 동의하지만 나이에 집중하기보다 부동산 투자의 본질에 집중하자. 나이는 그냥 나이일 뿐이고 부동산 투자에는 2~4년이 걸린다는 사실이 더 중요하다. 투자처와 투자 종목에만 집중하자. 압구정 현대 아파트의 가격과 입지는 투자자의 나이에 따라 달라지지 않는다. 매물은 누구에게나 평등하고 항상 그 위치에 있을 뿐이다. 이 사실만 인지하고 투자하기를 당부한다.

용기를 갖자. 맥도날드를 설립한 레이 크록은 50대에 창업했고, 심지어 왕성한 투자를 하고 있는 워런 버핏, 찰리 멍거도 90대다.

필요한 마인드, 피해야 할 마인드

투자를 할 때 가장 중요한 것은 바로 투자에 임하는 마인드다. 가장 먼저 가져야 할 마인드는 무엇일까? 마인드의 80% 이상은 내가 정답이 아니라고 생각하는 유연함으로 채워야 한다. 즉 배움에 대한 열린 사고를 가져야 한다. 나보다 앞서간 사람을 벤치마킹하자. 여기서 앞서간 사람은 나이가 많은 사람이 아니라 투자 경험이 많은 사람이다. 2030 투자자에게도 배울 점이 많다. 이렇게 투자를 시작할 때는 이미 보유한 지식을 초기화하는 편이 좋다. 새롭게 받아들이려면 비우는 자세가 필요하다. 투자 경험과 상관없이 우리가 보유한 지식은 정답이 아니라고 생각해야 하고 항상 귀를 열어 놔야 한다. 지금 여기저기 여과 없이 들었고 어렴풋이 알고 있는 지식을 비운다고 선언해 보자.

비우는 것도 과감하게 한 번에 비우는 편이 좋다. 클라우드 서비스를 사용해 본 적이 있는가? 매달 지불해야 하는 비용 때문에 작은 용량을 선택했는데 막 집어넣다 보면 금방 용량이 찬다. 필요 없는 정보는 과감하게 지워야 한다. 많은 양을 한 번에 비우지 않으면 작은 정보를 받아들이기만 해도 용량이 가득 차, 매일 무엇을 지울지 고민하느라 어떤 것이 새로운 정보였는지 기억하지 못한다. 마찬가지로 시작하는 투자자라면 머릿속을 과감히 지워 버리자. 가득 차 있는 사람은 새로운 정보를 스트레스라고 판단해서 밀어낼 수 있다.

다음으로 늦은 나이라면 특히 다음의 두 가지 마인드를 조심해야 한다. 하나는 빨리 따라잡아야 한다는 조급함이고 다른 하나는 더 많이 벌어야 한다는 욕심이다. 조급함과 욕심을 모두 갖고 있는 투자자 옆에는 그를 속이려는 사기꾼만 있을 것이다. 투자 공부를 하거나 투자에 대한 결정을 할 때 개인마다 속도 차이가 있다. 나이가 많고 적음이 아니라 개인의 성향에 따라 속도가 다르다. 조급함과 욕심은 다른 단어지만 닮아 있다. 오히려 늦게 시작할수록 이 두 가지를 더욱 조심해야 한다.

세상에 리스크 없는 투자는 없다. 단 한 번의 투자로 월세 1,000만 원을 벌어들이는 방법도 없다. 한 방에 승부를 보겠다는 생각은 접자. 산이 높으면 골짜기가 깊듯이 한 방에 성공하면 한 방에 무너질 수도 있다. 감당할 수 있는 돈의 크기가 곧 투자의 그릇이다. 투자의 그릇을 간장 종지부터 세숫대야까지 순차적으로 늘려야 한다. 간장 종지만한 그릇의 물밖에 없는데 투자의 그릇을 갑자기 세숫대야까지 늘려 버리면 상대적 박탈감이 든다. 반면에 그릇은 간장 종지인데 세숫대야만큼의 물을 부으면 옆으로 다 샐 뿐이다. 세숫대야에 찰랑거리는 물을 가진 사람들과 굳이 비교해서 조급함과 욕심을 키울 필요는 없다. 요약하면 옆 사람이 가진 것과 비교하지 말자.

과연 내 그릇이 어느 정도일까? 간장 종지일까 밥그릇일까? 혹시 구멍이 숭숭 뚫린 커다란 소쿠리가 아닐까? 만약 소쿠리라면 물이 새지 않도록 소비 조절을 통해 새 그릇으로 교체해야 한다. 우리의 투자 그릇이 작다는 것을 인정하자. 그릇의 크기는 점차 늘리면 된다. 그러면 조급함이 줄어들고 안정된 투자를 할 수 있을 것이다.

2장

현금
파이프라인을
만드는
지식산업센터

: 지식산업센터의 일곱 가지 매력

도시의 돈 뽑는 공장, 지식산업센터

'부자는 현금 흐름을 만든다', '현금 흐름이 있어야 성공한 투자자다'라는 말을 들어 봤을 것이다. 현금 흐름은 무엇일까? 벌어들인 현금으로 또 다른 현금을 창출하는 시스템을 말한다. 현금 흐름을 만들어야 하는 이유는 무엇일까? 현금은 바로 쓸 수 있는 자산이다. 언제든지 내가 원하는 때에 갖고 싶은 것을 살 수 있는 힘, 하고 싶은 일을 선택할 수 있는 힘을 주는 자산이다. 부동산 종목 중 현금 흐름을 낳는 투자처는 바로 월세 수익형 부동산이고, 수익형 부동산의 대표적인 종목이 바로 지식산업센터다.

수도권 준공업 지역 분포도

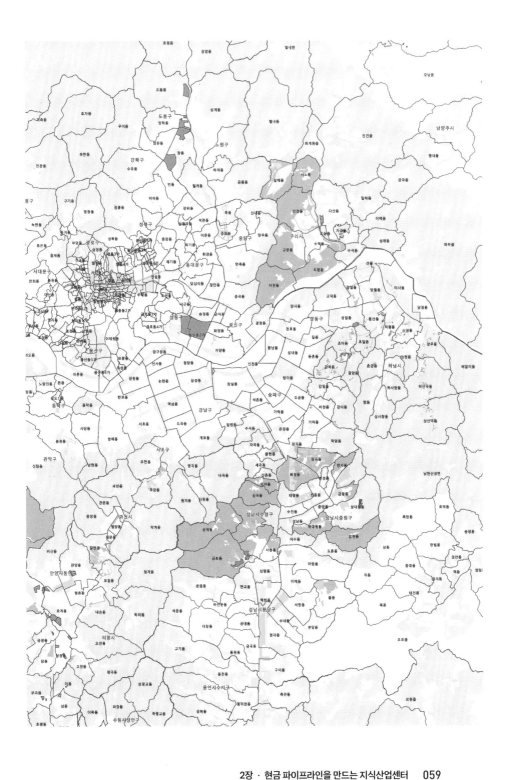

구식 공장이 떠난 곳에 들어선
신식 공장

지식산업센터라는 용어가 그럴싸하다. 지식산업센터는 아무 데나 지을 수 없다. 2002년에 '아파트형 공장'이 이름을 바꾼 건축물이기 때문이다. 아파트형 공장은 말 그대로 공장이기 때문에 일반 공업 지역과 준공업 지역에만 지을 수 있다. 공장에서는 유해 가스가 나오고 소음 공해도 심하기 때문에 주거지 근처에는 지을 수 없다.

일반 공업 지역은 공업 단지가 들어선 지역으로, 화물 교통이 도시 내 통행을 방해할 수 있기 때문에 도시 외곽 또는 근교 지역에 위치한다. 그중에서도 노동력이 풍부하고 근로자들이 오가기 쉬운 교통이 편리한 곳을 일반 공업 지역으로 지정한다. 단 일반 공업 지역에는 주거 시설이 들어서지 못한다. 준공업 지역이란 공업 지역과 주거 지역이 함께 있는 지역으로, 일반 공업 지역과 달리 주거 시설과 업무 시설 등이 들어설 수 있는 곳이다. 따라서 지식산업센터, 구 아파트형 공장도 이 지역에 위치한다.

우리나라의 주요 지식산업센터는 수도권에 몰려 있다. 그중에서도 서울 도심에는 준공업 지역만 있기 때문에, 지식산업센터가 많은 지역을 한눈에 보고 싶다면 준공업 지역이 어디인지 확인하면 된다. 앞의 지도는 수도권의 준공업 지역을 표시한 분포도다. 서울에서는 영등포구, 성동구 성수동, 금천구 가산동, 구로구 구로동, 강서구 마곡 지구가 대표적인 준공업 지역이다.

원래 이 지역에는 제조형 공장이 많았다. 제조업에는 노동력, 정확하게는 '값싼' 노동력이 필요하다. 값싼 노동력은 어디에 있을까? 인건비가 비싼 한국에서는 찾기 어렵다. 그래서 공장들은 중국, 베트남, 말레이시아 등으로 이전했다. 그 많던 제조형 공장이 빠져나간 지역은 어떻게 됐을까? 가내 수공업 기업 몇 곳이 남았지만 거의 텅 빈 채로 낡아 갔다. 누가 봐도 지저분하고 어두운 곳이 됐다. 정부도 똑같이 생각했다. 아파트 재건축, 재개발처럼 제조형 공장이 있던 지역은 개발 1순위가 되었다.

제조형 공장 대부분이 해외로 옮겨 갔기에 한국에는 본사가 남았다. 자연스럽게 오피스를 기반으로 하는 산업이 발달했고, 오피스의 수요가 늘어났다. 노후한 지역에 삼성전자 서초 사옥처럼 그럴 듯한 건물을 짓고 그곳에 입주하는 기업에게 특혜를 준다고 하면 어떨까? 없던 수요도 생기기 마련이다. 그렇게 아파트형 공장은 오피스 기반의 지식산업센터로, 작업복에서 근사한 슈트로 갈아입었다.

아파트형 공장(1997년 안양)　　　　　　　지식산업센터(2016년 문정)

지식산업센터는 내가 여러 투자를 병행하면서도 가장 집중하는 종목이다. 실제 투자 과정에서 주의해야 할 점도 있지만 얻을 게 더 많은 투자처다. 나도 지식산업센터에 투자하면서 부동산 투자 레벨을 한 단계 업그레이드했다. 수익형 부동산 투자 역량을 기르는 무기를 장착하고 싶다면 지식산업센터 투자를 강력히 추천한다. 이제 지식산업센터에 투자하면 얻을 수 있는 이점, 부동산 투자자들이 지식산업센터에 열광하는 이유를 설명하겠다.

최대 90%의 대출로
소액 투자가 가능하다

투자의 기본은 최소한의 투자금으로 최대의 수익률을 뽑아내는 것이다. 최소한의 투자금 액수는 투자 종목에 따라 상대적이다. 특히 부동산은 주식보다 큰돈이 필요하기 때문에 최소 3,000만 원은 모아야 한다고 했다. 만약 열심히 돈을 모았는데 투자금이 부족하면 어떻게 해야 할까? 초보 투자자라면 당연히 고민할 내용이다.

다주택자라면 보유한 아파트에 전세를 주고 투자금을 마련할 수 있지만 지식산업센터 투자금 마련의 해결책은 대출이다. 지식산업센터는 대출이 80% 이상 나온다. 그래서 실투자금을 적게 들여서 투자할 수 있다. 지식산업센터는 공장이며 공장은 개인이 아닌 사업자가 운영해야 한다. 즉 법인 사업자 혹은 개인 사업자만 매수할 수 있다. 사업을 위해 건물 혹은 토지를 매입할 때 필요한 대출이 시설 자금 대출이다. 시설 자금 대출은 한도와 이율이 개인보다 유리하다. 아파트의 주택 담보 대출보다 지식산업센터의 시설 자금 대출 조건이 더 괜찮다.

다만 하나는 주의해야 한다. 지식산업센터는 수익형 부동산이다. 수익형 부동산이란 말 그대로 월세로 수익을 얻는 부동산이라는 뜻이다. 이 수익형 부동산은 대출 한도, 즉 대출을 얼마나 받느냐가 수익률을 좌우한다. 아파트는 전세가율(매매가 대비 전세가의 비율)이 중요하지만 지식산업센터는 대출의 한도와 금리가 핵심이라는 뜻이다. 은행마다 대출 한도와 금리 조건이 다르고 심지어 대출이 나오지 않는 곳도 있기 때문에 10~20군데 정도 전화를 해 알아봐야 한다.

지식산업센터 투자에 필요한 실제 투자금

대출을 받는다면 지식산업센터 실투자금으로는 얼마나 필요할까? 먼저 아직 지어지지 않은 신축 지식산업센터를 분양받는 경우다. 최근 입주한 경기도 안양시에 있는 지식산업센터는 공급 면적 50평에 분양가 3억 3,000만 원의 호실이다. 분양권 상태로 매수를 했고, 준공 후 입주 시점에 잔금 대출을 받기 위해 감정 평가사에게 감정을 받았는데 감정가가 분양가를 훌쩍 넘겨 버렸다. 잔금 대출이

3억 2,000만 원, 대출 한도가 매매가의 95% 수준으로 나왔다.

이미 10%의 계약금을 지불한 상태여서 잔금을 치르니 통장에 매매가의 약 5%에 해당하는 1,600만 원이 남았다. 최종적으로 1,600만 원으로 안양시의 지식산업센터를 소유할 수 있었다는 뜻이다. 부대비용을 포함하지 않았지만 국산 준중형차보다 싼 금액으로 공급 면적 50평의 지식산업센터 호실이 내 소유가 된 것이다.

그럼 이미 지어진 지식산업센터도 소액으로 접근이 가능할지 살펴보자. 아파트 실투자금과 비교하면 더 큰 차이가 보일 것이다. 서울의 10억 원짜리 아파트를 사려면 실투자금이 얼마나 필요할까? 서울 아파트는 평균 전세가율이 60% 정도고, 갭 투자를 할 경우 투자금 4억 원이 들어간다. 잠깐 설명을 덧붙이자면, 갭 투자란 전세를 끼고 주택을 매입해 시세 차익을 노리는 부동산 투자 방식이다. 서울의 10억 원짜리 아파트라면 전세가가 6억 원일 테니 나머지 금액인 4억 원이 필요한 것이다.

그런데 지식산업센터는 보통 80%에서 많게는 90%까지 대출이 가능하므로 1억 원에서 2억 원 사이의 투자금이 필요하다. 1억~2억 원이라는 돈으로 서울의 아파트를 사기는 어렵지만 서울 지식산업센터 등기부 등본에는 이름을 남길 수 있다. 그런데 1억~2억 원의 투자금도 사회 초년생 혹은 이제 투자를 시작하는 직장인 투자자에게는 여전히 부담이 될 수 있다. 아파트보다 적게 들어가는 건 알겠는데, 그래도 비싸다.

더 소액으로 투자할 수 있을까? 예를 들어 평 단가 2,500만 원인 영등포구 지식산업센터의 매매가가 10억 원이라면 공급 면적 40평 정도의 호실을 살 수 있다. 지식산업센터 평수는 20평부터 100평 이상까지 다양하다. 20평을 산다고 하면 5억 원 정도가 들어가고 대출 80%를 받으면 실투자금으로 1억 원 정도가 들어간다.

동일한 호실을 경기도 안양시에서 구한다고 해 보자. 평 단가 1,300만 원인 괜찮은 입지의 안양시 지식산업센터에서 20평은 2억 6,000만 원이 되고 5,200만 원 정도로 매수할 수 있다. 조금 더 외곽 인 용인시 기흥구에 있는 지식산업센터는 평 단가 650만 원 정도다. 동일한 소형 평수를 산다면 총 1억 3,000만 원이 필요하고, 실투자금 은 2,600만 원이 든다. 이렇게 입지와 다양한 평형대를 조합해서 투자금을 조절하면 소액 투자가 가능하다.

앞의 분양권 사례에서 이야기했듯 지식산업센터는 분양가의 10% 계약금만 있으면 지식산업센터를 분양받을 수 있고 전매 제한이 없어 분양받은 다음 날에도 팔 수 있다. 영등포의 신규 분양 지식산업센터가 평 단가 2,800만 원이라고 가정했을 때, 공급 면적 40평대 호실을 분양받으면 11억 2,000만 원짜리 지식산업센터를 1억 1,200만 원의 계약금으로 분양받을 수 있다. 분양권은 준공 후 임대 투자로 변환할 수 있고, 분양권을 프리미엄을 받고 양도할 수 있다.

대기업 직장인 월급이
부럽지 않은 월세 수익

아파트는 대표적인 시세 차익형 부동산이다. 사서 기다렸다가 팔아서 수익을 낸다. 그런데 매도할 때까지 목돈이 묶인다. 상승하든 하락하든 횡보하든 아파트 투자 수익은 팔기 전에는 사이버 머니다. 돈을 묶어 버리는 투자는 무분별한 소비를 막을 수 있어서 현금 흐름이 있을 때 좋은 투자법이다. 그런데 당장 써야 할 돈이 필요할 때는 어떻게 해야 할까? 아파트가 벌어들인 돈은 바로 도움이 되지 않는다. 전문적인 용어로는 환금성이 떨어진다. 손에 쥐는 돈이 아니기 때문이다.

아파트 투자로는 어려운
파이어족의 꿈

아파트 투자만 하면 월급처럼 주기적으로 들어오는 돈이 없어 막상 퇴사를 하려 해도 불안하다. 투자를 시작하거나 늘리려니 아파트에 대한 정부 규제는 점점 심해지고 있고, 어쩌면 '오랜 기간 매매가가 상승했으니 곧 하락하지 않을까?' 하는 심리적 불안감으로 네이버 부동산 페이지를 열어 보는 횟수가 점점 줄어들지도 모른다. 하지만 나는 전업 투자자로 전향하려고 결심했을 때 아파트 가격의 상승과 현금은 별개라고 생각했다.

아파트 투자는 퇴사 준비로 부족하다. 물론 아파트도 월세로 임대할 수 있다. 하지만 아파트 월세 임대는 큰 투자금이 묶이고 수익률이 높지 않다. 월세 100만 원이 들어온다고 해도 연 1,200만 원의 현금으로 삶이 바뀌지는 않는다. 현금을 손에 쥘 수 있는 대신에 큰 목돈이 묶여 버린다. 동일한 투자금으로 월세보다 갭 투자를 하면 수량을 늘리거나 상품성을 높일 수 있다. 거기다 시세 차익형 부동산의 수익률은 월세 수익률과 비교할 수 없다. 시세 차익 수익률이 작게는 50%, 많게는 300% 이상 나온다. 전 세계에서 유일한 전세라는 제도가 아파트를 시세 차익형 투자의 최고봉으로 만들었다. 따라서 아파트 월세 투자는 사치다.

다른 관점으로 생각해 보자. 전세금이 지속적으로 상승하고 2년 만에 신규 계약을 할 수 있다고 가정하면 생활비를 제외하고 재투자하는 방향으로 현금 흐름을 확보할 수 있다. 전세가가 꾸준히 올라야 하고 신규 전세 계약도 지속할 수 있는 상승장이 필수 조건이다. 그렇지만 이는 운의 영역이며 불확실성이 크다.

단순하게 매도를 하는 방법도 있다. 보유 아파트를 팔아서 생활비를 충당하고 재투자하는 방법이다. 많은 투자자가 아파트를 손에 쥐는 것보다 놔 주는 것을 어려워한다. 하락하면 본전 생각이 나고 상승하면 더 상승할 것 같기 때문이다. 특히 소비를 위한 매도는 투자자들이 가장 힘들어하는 부분이다.

100% 월세 수익이 보장된
지식산업센터 투자

월급처럼 안정적이고 주기적인 수입을 얻는 방법은 무엇일까? 바로 월세다. 정확하게 말하자면 적은 투자금으로 할 수 있는 월세 투자다. 나도 아파트 월세 임대는 득보다 실이 많기에 수익형 부동산으로 눈을 돌렸다. 대표적인 수익형 부동산은 상가지만 상가 투자는 난이도가 만만치 않다. 공실의 위험과 임차인 리스크가 크고 주요 입지의 가격도 높은데 수익률은 높지 않기 때문이다.

그런데 지식산업센터는 다르다. 시세 차익과 월세 수익까지 두 마리 토끼를 잡을 수 있는 종목이다. 월세도 나오고 시세 차익도 있다. 이도 저도 아니지만 적당히 두 마리 토끼를 잡을 수 있는 종목이 바로 지식산업센터다. 지식산업센터는 월세를 받고 싶은 마음, 현금 흐름 창출, 믿고 퇴사할 수 있는 자산, 이 세 가지 요건을 모두 충족하는 투자처였다.

지식산업센터의 월세로 맞벌이 수준의 현금을 벌 수 있고 더 나아가 은퇴 이후에 현금 흐름을 만들 수 있는지 간단한 계산을 통한 예를 들어 보겠다. 경기도 용인시에 위치한 15년 이내의 연식인 매물 두 가지를 비교해 보자.

	지식산업센터 1 매매가 6억 6,000만 원 면적 392/191㎡ 층수 9/34층	지식산업센터 2 매매가 55억 원 면적 3,055/1490㎡ 층수 7/34층
매매가	6억 6,000만 원	55억 원
대출	5억 2,800만 원 (80% 한도 / 4% 금리, 이자 월 176만 원)	44억 원 (80% 한도 / 4% 금리, 이자 월 1,467만 원)
보증금	3,000만 원	2억 3,000만 원
월세	300만 원	2,350만 원
투자금 (매매가 - 대출 - 보증금)	1억 200만 원	8억 6,500만 원
월 현금 흐름 (월세 - 대출 이자)	124만 원	883만 원

※단 부대 비용은 제외했음.

지식산업센터 1의 매매가 6억 6,000만 원의 호실은 대출 한도 80%와 4% 금리로 계산했을 때 월 현금 흐름이 124만 원 수준이다. 좋은 직장의 급여 수준은 아니지만 야근을 하지 않아도 충분할 정도의 월세 수익이 나온다.

지식산업센터 2는 은퇴 이후의 현금 흐름을 만들 수 있는 호실이다. 매매가가 55억 원으로 상당히 높지만 대출 한도 80%를 감안하면 실제 투자금은 웬만한 광역시 급의 신축 아파트 가격보다 적게 든다. 또 월 현금 흐름 883만 원이라면 은퇴 이후 시스템 소득으로 충분하다.

특히 대형 평수의 호실에는 영세 기업이 아닌 중견급 이상의 건실한 기업이 들어온다. 그리고 대형 평수에 한 번 들어온 기업은 잘 움직이지 않아서 공실 같은 임차인 리스크가 거의 없다. 은퇴 이후의 삶은 이렇게 대형 지식산업센터로 해결할 수 있다.

시세 차익으로 잡는
두 마리 토끼

'대표적인 시세 차익형 부동산은 아파트라더니 이건 또 무슨 소리지?'라는 생각이 들 수도 있다. 종목은 다르지만 지식산업센터도 시세 차익형으로 접근하는 과정은 동일하다. 입지를 보고 공급과 수요를 확인하고 가격을 확인한다. 입지가 좋고 상품성이 좋으면 수요가 높다. 실사용자 수요도, 투자자 수요도 높다. 최근 지식산업센터 매매가가 급상승했다. 지식산업센터의 수요가 커졌다는 뜻이고 시세 차익형 투자가 늘었다는 이야기다.

현재 서울과 경기도의 좋은 입지에는 투자자가 많이 유입되어 수요가 증가했다. 그럼 투자자와 실사용자가 지식산업센터를 보는 관점은 어떨까? 실사용자와 투자자가 입지를 보는 관점은 동일하다. 역세권, 교통, 상권, 협력 업체와의 네트워크, 인력 채용의 편의성 정도를 고려한다. 그런데 투자자는 월세 수익률과 시세 차익 수익률에 모두 집중한다. 투자자의 투자 범위가 실사용자보다 더 넓다는 뜻이다. 실사용자는 문정동이 좋은 입지라는 것을 알아도 협력 업체와 제조 공장이 경기도 수원에 있으면 수원과 용인까지를 투자 범위로 산정한다. 불편하기 때문이다. 아파트 실거주자의 직장이 부산이라 실거주용 집을 서울에 마련할 수 없는 것과 같은 논리다.

시세 차익을 얻기 좋은 조건의 지역은?

첫째, 실사용 비율이 높은 곳이다. 사실 실사용 비율이 높은 지역은 시세 차익뿐 아니라 임대 수익도 얻을 수 있는 알짜배기 입지다. 왜일까? 앞에서 이야기했듯이 실사용자는 투자도 노리지만 업무의 편리성을 더 중요시한다. 즉 엉덩이가 무거워 이동을 하지 않기 때문에 매물이 잘 나오지 않는다. 그래서 투자자들은 실사용자가 많은 지역에는 어차피 매물이 없다고 생각해 많은 관심을 쏟지 않는다. 거래가 뜸하니 매매 가격 상승 속도도 느리다. 그런데 임대가 귀해서 임대료, 즉 월세는 다른 입지보다 높다. 반대로 말하면 매물의 가격이 입지 대비 저평가되어 좋은 매물을 저렴하게 구입할 수 있다는 뜻이다.

시세 차익을 노린다면 임장에서 공실률과 더불어 꼭 실사용자 비율을 꼭 질문하자. 매물이 귀하다는 아쉬움이 있지만 이런 입지에 투자하면 느리지만 장기적으로 시세 차익을 확보할 수 있다. 지금처럼 금리가 오르는 시기에는 시세 차익을 확보할 때까지 높은 임대료 수익이 있으니 금리에 대한 걱정은 없을 것이다.

둘째, 누가 봐도 입지 조건이 좋은 곳이다. 뒤에서 설명하겠지만 성수동, 문정동, 영등포구, 안양시 같은 입지다. 투자자 비율도 높고 인구와 기업이 많아서 실사용자의 수요도 함께 높은 곳이다. 투자자의 유입으로 가격을 많이 올려 놓아도 꼭 이곳에 사업체를 두어야 하는 기업들이 있을 확률이 높다. 결국 임대료 수익은 크지 않더라도 매도 시 받아 주는 실사용자가 많아서 가격 하락 가능성이 낮다. 즉 가격 하방이 탄탄한 곳이다. 아파트로 비유하면 강남구, 서초구, 송파구에 해당한다. 대체 불가능한 지역이고 만약 이 지역이 하락한다면 옮겨 오고 싶어하는 수요가 많기에 하락해도 덜 하락하고, 상승기에는 가장 빠른 기울기로 상승하는 곳이다.

추가로 좋은 입지의 지식산업센터라면 분양권 소액 투자로도 시세 차익을 얻을 수 있다. 무제한 전매가 가능하기 때문이다. 프리미엄을 주고 분양권을 사서 파는 행위를 여러 번 할 수 있다는 의미다. 전매 제한은 투기 과열 지역과 공공 택지 지구 내 아파트, 도시형 생활 주택의 분양권 등 주거형 부동산에 적용될 뿐 지식산업센터는 예외다.

요약하면 실사용자 수요가 많아서 가격이 저평가됐거나, 누가 봐도 1급지 입지에 있는 지식산업센터가 시세 차익으로 접근하기에 유리하다. 결국 수요가 중요하다. 지식산업센터는 수익형 부동산이지만 시세 차익으로의 검토는 아파트와 다르지 않다.

하지만 지금은 월세 수익과 시세 차익을 둘 다 만족할 지식산업센터를 찾기는 힘들다. 월세 수익도 나쁘고 시세 차익도 느린 지식산업센터는 많지만, 대부분은 월세 수익이 좋고 시세 차익이 느리거나 월세 수익이 나쁘고 시세 차익이 빠르다.

다(多)지식산업센터 보유자를 비켜 가는 정부의 규제

정부는 한 명의 개인이 여러 채의 아파트를 소유하면 투기라고 생각하고, 불법은 아니지만 다주택자들은 징벌적 세금 폭탄을 맞는다. 그래서 명의를 분산하면서 절세를 한다. 지식산업센터는 어떨까? 지식산업센터에는 아파트 같은 규제 잣대를 들이댈 수 없다. 지식산업센터를 매수하는 사람들은 사업자고, 개인 사업은 생계와 직결되며, 사업자 업종별로 핀셋 규제를 하기도 힘들기 때문이다.

'세금 폭탄이 없다면 여러 채를 소유하지 못한다는 말이 아닐까?' 라는 의심을 할 수 있다. 과연 지식산업센터를 여러 채 매수해서 일명 '다多지산자'가 될 수 있을까? 결론부터 말하면 공식적으로는 불가능하지만 실질적으로는 가능하다. 하나의 사업체는 하나의 사업장을 가져야 한다. 그런데 한 명의 개인은 여러 사업체를 가질 수 있다. 대표는 한 명이지만 여러 개의 사업체를 가지고 각각 하나의 사업장을 둘 수 있다. 호실 하나당 사업자 하나가 필요하지만 실질적으로는 제한 없이 보유할 수 있다는 이야기다.

예를 들어 서울에 두 곳, 경기도에 세 곳, 전부 다섯 곳의 지식산업센터를 보유하고 있으면 사업자 등록을 다섯 번 해야 한다. 호실 수가 사업자 수가 되는 것이다. 상호명도 다르게 할 수 있다. 한 사람이 지식산업센터 여러 개를 보유하고 있는 셈이지만 지식산업센터마다 다른 사업을 하는 개별 사업자가 된다. 같은 사람, 다른 사업자다. 실제로는 여러 지식산업센터를 갖고 있어도 공식적으로는 '다지산자'가 없는 이유다.

누구 명의로 해야
더 저렴하게 투자할까?

막상 사업자 등록을 할 때면 대부분의 투자가가 고민하는 점이 있는데, 바로 명의다. 만약 당신이 결혼을 한 개인 투자자라면 한 가지만 주의해서 명의를 결정하면 된다. '직장인과 사업자를 겸업할 것인가? 아니면 직장이 없는 배우자의 명의로 할 것인가?'이다. 직장인 투자자라면 사업자 등록이 필요하기에 기존 직장과 겸업 문제가 발생할 수 있다. 뭔가 찝찝하다.

그때 직장이 없는 배우자 얼굴이 떠오르며 배우자의 명의로 등록을 할지 고민할 것이다. 하지만 그 고민은 바로 제3의 세금, 건강 보험료 문제에서 멈출 것이다. 배우자 이름으로 사업자 등록을 하면 배우자는 피보험자 위치를 박탈당한다. 엄연한 소득이 있는 사업자가 되기 때문이다. 건강 보험 지역 가입자로 등록이 되면 배우자의 자동차, 아파트 등 모든 자산을 바탕으로 건강 보험료가 책정된다. 아이러니하게도 건강 보험료 금액은 건강 보험 직장 가입이 적용되는 직장인이 유리하다.

단 직장인 명의로 하면 지식산업센터로 나오는 임대 소득은 종합 과세 대상이 된다는 점을 주의하자. 어려운 용어가 나왔다. 종합 과세가 무엇일까? 같이 알아 둬야 할 용어가 분리 과세다. 종합 과세는 세금을 부과할 때 근로 소득을 포함한 다른 소득과 임대 소득을 합산하는 방식이며 분리 과세는 임대 소득만 따로 분리해서 이를 기반으로 세금을 부과하는 것이다.

아파트를 임대하는 주택 임대 사업자에 한해서만 임대 소득이 연 2,000만 원 미만일 때 종합 과세와 분리 과세 중 선택할 수 있다. 하지만 지식산업센터는 무조건 종합 과세다. 직장인이라면 무조건 근로 소득과 임대 소득을 합해서 과세가 부과된다. 과세 표준이 올라가면 세율도 같이 올라가므로 종합 과세가 불리하다.

그럼 직장인 명의의 종합 과세를 내는 것과 배우자 명의의 건강 보험료를 포기하는 것 중 무엇을 선택하는 편이 더 이득일까? 세무사를 찾아가서 명의 분산에 대해서 상담을 받자. 종합 과세가 이길지 건강 보험료가 이길지 세무사가 정답을 찾아 줄 것이다.

　배우자 명의를 활용할 방법이 한 가지 더 있다. 바로 법적으로만 존재하는 사람, 법인을 만들어 법인 사업자 등록을 하는 것이다. 물론 이 경우에도 배우자가 법인의 대표가 되므로 피보험자 위치를 박탈당한다. 하지만 법인 대표는 지식산업센터에서 나오는 월세 범위 내에서 법인으로부터 월급을 받을 수 있다. 그럼 대표가 된 배우자는 건강 보험료 직장 가입자 위치가 된다. 물론 건강 보험료를 납입해야 하는 의무가 있지만 갖고 있는 전체 자산으로 보험료를 부가하는 지역 가입자보다는 보험료가 훨씬 저렴하다. 하지만 세무 기장, 사업장 대여 같은 부대 비용이 추가되니 충분한 비교 검토가 필요하다.

세금에
감면 혜택을 더하다

자산을 이야기할 때면 늘 고민한다. 세전을 이야기할까, 세후를 이야기할까? 다주택자의 아킬레스건은 세후 자산이다. 양도 차익이 큰 고가의 아파트를 1주택 비과세로 억지로 만들고 이래저래 계산기를 두들겨 봐도 역시 세후 자산은 투자자의 자신감을 작게 만든다. 그래서 웬만하면 대출 이자를 감당하더라도 버텨 본다. 아파트는 아무리 좋은 투자처를 찾아도 그림의 떡인 경우가 많다. 취득세와 양도세 중과, 정부 규제의 힘이다.

정부의 규제는 주거형 부동산인 아파트에 집중돼 있다. 반면 지식산업센터 사업자는 실사용을 해도, 임대를 해도 종합 소득세와 부가 가치세를 투명하게 신고한다. 사업자는 임대료에 대한 세금 계산서를 홈택스에서 발급해야 하고, 정부는 세금 계산서를 기반으로 신고한 종합 소득세와 부가 가치세만 확인해도 구체적인 임대료를 알 수 있다. 아파트 소유자는 최근에서야 임대차 3법(계약 갱신 청구권제, 전월세 상한제, 전월세 신고제 도입을 명시한 〈주택 임대차 보호법〉 및 〈부동산 거래 신고법〉 개정안)으로 아파트 월세 혹은 전세 가격을 신고하지만 지식산업센터 소유자는 이미 임대료를 국세청에 신고하고 있었다. 정부 입장에서는 소유자가 지식산업센터를 임대하는 것도 엄연한 사업 수단이고 수익을 내는 목적이기 때문에 딱히 규제를 할 이유가 없다. 실사용으로 매수하는 지식산업센터는 무주택자가 실거주용 아파트를 사는 것과 비슷하다. 전혀 문제가 없고 오히려 장려하고 있다. 취득세, 재산세 감면 등의 혜택을 준다.

앞으로도 사업자를 규제하기는 어려울 것으로 짐작한다. 아파트 투자는 전세 공급을 만들어 내고, 시세 차익으로 발생하는 이익은 모두 개인을 위한 것이다. 반면 지식산업센터에는 사업자들이 입주한다. 개인 사업자 혹은 법인 같은 회사는 자신의 이윤을 극대화하려는 목적도 있지만 고용 창출 같은 사회 기여도 한다. 그렇기에 정부는 개인의 이익을 추구하는 주거형 부동산 투자는 규제하지만 사회 기여의 역할을 하는 기업에게는 동일한 잣대를 대지 않는다. 지식산업센터를 100채를 갖고 있어도 주거형 부동산 같은 규제를 받지 않는 이유다.

네 가지 세금 혜택
: 취득세, 양도세, 종합 부동산세, 재산세

부동산 투자를 할 때 납부해야 하는 세금은 매수할 때의 취득세, 매도할 때의 양도세, 잠재적 시세 차익을 대비한 종합 부동산세, 부동산 가치에 대한 재산세다. 지식산업센터 투자에는 세금 규제가 거의 없다. '거의'라는 표현에서 알 수 있듯 아예 없지는 않다. 특정 조건의 법인에 대한 취득세 중과, 개인 사업자의 단기 매매에 따른 단일 양도세율이 있지만 그냥 없다고 생각해도 된다.

첫 번째로 취득세부터 알아보자. 아파트는 사려고 하는 곳이 조정 지역인 경우에는 두 번째 집은 취득세 8%, 세 번째 집부터는 12%의 취득세가 적용된다. 비조정 지역인 경우에는 세 번째 집 8%, 네 번째 집부터는 12%가 적용된다. 무주택자 혹은 1주택자로 갈아타는 경우, 즉 기존 집을 팔고 새 집을 사는 경우에는 1.1%가 적용된다. 지식산업센터의 취득세는 4.6%로 간단하다. 물론 예외는 있다. 신규 분양 실사용자에게는 취득세 50% 감면 혜택이 있다. 법인의 경우에도 예외는 있으나 뒤에서 자세히 다루겠다. 지식산업센터를 매수해서 임대 투자를 할 경우 깔끔하게 4.6%의 취득세라고 생각하자.

두 번째는 양도세다. 양도세 중과가 없다는 것은 지식산업센터 투자의 최대 이점이기도 하다. 딱 하나, 개인 사업자가 지식산업센터를 단기간 내에 매도할 때 일반 세율이 아닌 높은 단일 세율이 적용되는 경우를 제외하고 말이다. 매수한 지 2년이 채 되지 않았는데 매도를 하면 단일 세율이 적용된다. 아파트와 논리가 같지만 세율이 낮다. 1년 미만 50%, 2년 미만 40%라는 양도 소득세가 고정적으로 적용된다.

하지만 매매가가 단기간에 급상승해서 매수한 지 1년 만에 매도를 할 때 일반 세율이 45%, 단기 세율이 40%이면 어떤 세율이 적용될까? 정답은 일반 세율 45%다. 두 가지 종류의 세율이 겹치면 이렇게 생각해 보자. 세금은 정부의 수입원이다. 헷갈리면 입장을 바꿔서 우리가 정부라고 생각해 보자. 정부에 유리하고 부동산 소유자들에게 불리한 세율을 적용할 것이다. 어떤 세율이든지 이 공식이면 헷갈리지 않는다. 아래는 부동산 종목별로 단기 양도세율을 정리한 표다.

부동산 투자 종목별 2년 미만 단기 양도세율

	지식산업센터	오피스텔 (주거용)	오피스텔 (업무용)	상가	도시형 생활 주택	생활형 숙박 시설
1년 미만 (364일까지)	50%	70%	50%	50%	70%	50%
2년 미만 (365 + 364일까지)	40%	60%	40%	40%	60%	40%
2년 이상 (365 + 365일부터)	일반 세율	일반 세율	일반 세율	일반 세율	일반 세율	일반 세율

이렇듯 개인 사업자에게는 단기 투자를 막기 위해 1년 미만은 50%, 2년 미만은 40%의 단일 세율이 적용되지만 2년 후에는 일반

세율이 적용된다. 중요한 점은 지식산업센터를 여러 채 가진 '다지산자'에게도 중과가 없다는 것이다. 앞에서 설명했다시피 지식산업센터는 각 호실마다 사업자 등록을 해야 하기 때문이다. 혹은 1주택자가 지식산업센터 여러 채에 투자해도 1주택 비과세에 영향을 주지 않는다. 수택과 지식산업센터는 별개 영역이라고 생각하자.

마찬가지로 다주택자라고 할지라도 지식산업센터를 매수하거나 매도할 때 중과가 없다. 다주택자들이 지식산업센터에 매력을 느끼는 부분이 바로 여기다. 아파트와 달리 복잡하게 계산기를 두드릴 필요 없이 양도 차익에 따른 양도세 일반 세율을 적용하면 끝이기 때문이다. 실제로는 얼마나 차이가 나는지 살펴보자.

오른쪽의 표에서 3주택 이상인 다주택자가 아파트를 매도할 때, 지식산업센터를 매도할 때의 양도세를 비교했다. 아파트와 지식산업센터를 4년 전에 10억 원에 매수했고, 아파트는 3억 원, 지식산업센터는 2억 원이 올랐다고 가정해 보자. 양도세는 시세 차익부터 시작해서 매수 과정에서 피할 수 없는 필요 경비를 제외해 준다. 여기에는 취득세와 중개료 등이 포함된다.

시세 차익에서 필요 경비를 제외한 금액이 양도 차익이다. 서울의 세 번째 아파트이므로 12%의 취득세가 중과되며 지식산업센터는 일반 세율 4.6%가 적용된다. 아파트 취득세가 중과됐지만 아파트 시세 차익이 더 발생해서 아파트의 양도 차익이 더 크다. 여기서 장기 보유를 하면 양도 차익을 감해 주는데, 다주택자가 보유하는 아파트에는 적용되지 않지만 지식산업센터는 다주택 여부와 상관없어 장기 보유 특별 공제가 적용되어 양도 차익의 8%를 감해 준다. 두 종목 모두 개인에 한해서 1년에 1회 한정 250만 원을 기본으로 공제받을 수 있다. 이렇게 양도 차익에서 장기 보유 특별 공제와 기본 공제를 제외하면 비로소 양도세율이 결정되는 과세 표준 금액이 나온다.

서울 아파트와 지식산업센터 양도세 비교

보유 기간 4년	서울 아파트 (3주택자)	비교	서울 지식산업센터 (개인 사업자)	비고
매도 (양도가액)	13억 원	>	12억 원	
매수 (취득가액)	10억 원	=	10억 원	
필요 경비	1억 3,000만 원	>	6,000만 원	취득세, 중개료 등 (아파트 중과 대상)
양도 차익	1억 7,000만 원	>	1억 4,000만 원	세전 수익
장기 보유 특별 공제	- (다주택자 미적용)	<	1,120만 원 (1억 4,000만 원*8%)	
기본 공제	250만 원	=	250만 원	
과세 표준	1억 6,750만 원	>	1억 2,630만 원	
세율	68% (기본 38% + 중과 30%)	>	35%	아파트 중과 대상
누진 공제	1,940만 원	>	1,490만 원	
양도세	9,450만 원	>	2,920만 원	
세후 수익 (양도 차익 - 양도세)	**7,550만 원**	**<**	**1억 1,080만 원**	

여기서 차이가 발생한다. 일단 일반 세율은 35%로 아파트와 지식산업센터가 동일하다. 하지만 아파트는 다주택자 중과가 30%가 적용되어 최종 세율은 아파트는 65%, 지식산업센터는 35%가 된다. 양도세 차이가 약 3배 이상 발생한다. 비록 아파트의 시세 차익이 지식산업센터보다 1억 원이 더 크지만 세후에 내 손에 쥐는 돈은 아파트보다 46%나 큰 금액이다.

세 번째는 '종부세'라고도 부르는 종합 부동산세다. 다주택자는 아무리 버터도 하겠다고 결심해도 종부세라는 큰 산을 만난다. 이는 다주택자뿐만 아니라 고가 1주택자의 고민이기도 하다. 종부세란 주거형 부동산을 여러 채 보유하는 것에 대한 세금이다. 최근 정부는 지속해서 종부세를 올리고 있다. 종부세는 일명 '부자들에게 부과하는 세금'이기 때문이다. 다주택자들은 종부세가 지속적으로 오르면 부담이 될 수밖에 없다. 하지만 지식산업센터는 종합 부동산세 대상이 아니다. 주거형이 아닌 수익형 부동산이기 때문이다. 지식산업센터 100채를 갖고 있어도 종합 부동산세와는 상관이 없다.

마지막은 재산세다. 지식산업센터의 경우 재산세는 7월에 건물분에 대해서, 9월에 토지분에 대해서 두 번을 나눠서 납부한다. 4억 원 정도의 지식산업센터 재산세가 약 60만 원 정도다. 비용은 아파트보다 살짝 많지만, 취득세와 마찬가지로 분양을 받거나 분양권을 가진 상태로 매수한 다음 최초 실입주를 하는 경우 5년간 재산세를 37.5% 감면해 준다. 단 임대 투자를 하는 경우는 제외한다.

요약하면 임대 투자를 할 때 취득세는 4.6%라고 생각하면 쉽다. 양도세는 2년 미만일 때는 단일 세율이 적용되고 이후부터는 일반 세율로 중과가 없다. 종합 부동산 대상이 아니며 재산세는 아파트보다 조금 높게 나온다.

0에 수렴하는
임차인 리스크

일반 오피스 혹은 오피스텔에는 입주 업종 제한이 없지만 지식산업센터는 IT, 설계, 엔지니어링, 경영 컨설팅 등 입주 업종에 제한을 둔다. 인간관계에서 '을'의 위치를 편하게 생각하는 내향인은 아파트 임차인과 관계를 맺고 소통할 때도 힘든 점이 많다. 예를 들어 문이 파손돼도, 벽지가 엉망이 돼도 말 한마디 못 하고 넘어간다. 악덕 임대인도 있지만 목소리가 큰 임차인도 있다. 지식산업센터는 업종 제한 덕분에 건실한 기업이 임차인으로 들어온다. 임차인의 성향을 대수롭지 않게 생각하는 사람도 있겠지만, 내향적인 나에게는 엄청난 장점이었다.

제한된 입주 업종과
적은 관리 요소

임차인이 사업체이기 때문에 월세가 밀릴 걱정을 하지 않아도 된다. 지식산업센터 여러 채에 임대를 주고 있지만 월세가 밀린 적은 단 한 번도 없다. 월급처럼 같은 날짜, 같은 시간에 자동 이체로 월세를 받는다. 다음은 〈산업 집적 활성화 및 공장 설립에 관한 법률〉 시행령에 명시된 지식산업센터 입주 가능 업종이다.

1. 한국 표준 산업 분류에 따른 연구 개발업
2. 〈고등 교육법〉 제25조에 따른 연구소의 연구 개발업
3. 〈기초 연구 진흥 및 기술 개발 지원에 관한 법률〉 제14조 제1항 각 호에 따른 기관 또는 단체(같은 법 제6조 제1항 제3호에 따른 대학은 다음 각 목의 요건을 모두 갖춘 대학이나 〈대학 설립·운영 규정〉 제2조의7에 따라 산업 단지 안에서 운영하는 대학만 해당한다)의 연구 개발업
4. 건축 기술, 엔지니어링 및 그 밖의 과학 기술 서비스업
5. 광고물 작성업
6. 영화, 비디오물 및 방송 프로그램 제작업
7. 출판업
8. 전문 디자인업
9. 포장 및 충전업
10. 다음 각 목의 어느 하나에 해당하는 교육 서비스업

가. 〈국민 평생 직업 능력 개발법〉 제2조 제3호에 따른 직업 능력 개발 훈련 시설에서 운영하는 경우

나. 제3호 각 목의 요건을 모두 갖춘 대학의 경우

다. 〈대학 설립·운영 규정〉 제2조의7에 따라 산업 단지 안에서 운영하는 대학의 경우

11. 경영 컨설팅업(재정·인력·생산·시장 관리나 전략 기획에 관한 자문 업무 및 지원을 하는 기업체만 해당한다.)

12. 번역 및 통역 서비스업

13. 전시 및 행사 대행업

14. 환경 정화 및 복원업

15. 영화, 비디오물 및 방송 프로그램 제작 관련 서비스업

16. 음악 및 기타 오디오물 출판업

17. 시장 조사 및 여론 조사업

18. 사업 및 무형 재산권 중개업

19. 물품 감정, 계량 및 견본 추출업

20. 무형 재산권 임대업

21. 광고 대행업

22. 옥외 및 전시 광고업

23. 사업 시설 유지 관리 서비스업

24. 보안 시스템 서비스업

25. 콜센터 및 텔레 마케팅 서비스업

26. 〈이 러닝(전자 학습) 산업 발전 및 이러닝 활용 촉진에 관한 법률〉 제2조 제3호 가목에 따른 업(이 항 제7호, 제10호 또는 제3항 각 호에 따른 산업을 경영하는 입주 기업체가 운영하는 경우로 한정한다.)

27. 한국 표준 산업 분류에 따른 그 외 기타 전문, 과학 및 기술 서비스업으로서 관리 기관이 인정하는 산업. 이 경우 관리 기관의 인터넷 홈페이지에 해당 산업을 게시해야 한다.

그 밖에 제조형이 아닌 사무형 오피스이기에 관리할 부분이 거의 없다. 시설물에 문제가 생겨도 건물 관리인이 있어 대신 관리를 해준다. 식당처럼 취사기를 들이거나 임차인이 바뀔 때마다 인테리어를 할 필요도 없다.

물론 인테리어를 다시 하는 경우도 있기는 하다. 나도 딱 한 번, 영등포에 위치한 지식산업센터를 매수했을 때 인테리어를 손본 적이 있다. 기존의 사업체가 중국 관광객들을 대상으로 서비스를 제공하는 여행사였는데, 업종에 충실하게 사무실의 몰딩 색상이 금색이었다. 새로운 임차인의 업종은 IT 분야였고 금색 몰딩에 당황했기에 인테리어 업체를 불러 리모델링했다. 이후로는 해당 지식산업센터를 2년 이상 보유하면서도 임차인과 따로 연락한 적이 없다. 임차인 클레임도, 번거로운 관리 요소도 거의 제로인 투자 종목이다.

돈을 복사하는
투자 파이프라인의 시작점

돈은 강물 같다. 투자는 물길을 내서 돈을 나에게 향하게 만드는 과정이다. 투자의 방식은 다양하다. 큰 웅덩이에 물을 담아 놓고 흘려보내지 않을 수도 있다. 하지만 고인 물은 썩고 마르기 마련이다. 물이 계속 흘러가려면 물길을 한강처럼 넓게 확장하고 물살을 강해지게 만들어야 한다. 다시 말해서 계속 다른 곳으로 흘러가게 만들어야 한다.

지식산업센터는 돈이 돌고 도는 투자를 가능하게 만드는 영리한 투자처다. 시설 자금 대출을 80% 이상 사용하기 때문에 지식산업센터를 담보로 추가 대출을 받기는 어렵지만 현금이 발생하기 때문이다. 현금은 최고의 환금 수단이다. 무엇으로든 바꿀 수 있다.

성공한 투자자가 되려면
현금의 물길을 만들어라

지식산업센터에서 투자로 번 현금을 퇴사를 준비하는 단계에서는 부족한 생활비로도 대체할 수 있을 것이다. 하지만 직장인 투자자라면 경제적 자유와 안락한 노후를 위해 다른 투자 수단으로 변환해야 한다. 최소한 적금이라도 들자. 아니면 주식과 달러, 가상 화폐 같은 금융 투자로 바꾸자.

예를 들어 보겠다. 지식산업센터 임대료는 사업자와 사업자 간의 거래이기에 부가 가치세 10%가 발생한다. 부가 가치세는 개인 사업자라면 1월과 7월에 1년에 두 번 신고를 한다. 일정 기간 보관하고 있다가 한꺼번에 내는 세금이라고 생각하면 된다. 첫 번째 납부일부터 두 번째 납부일까지는 6개월이라는 시간이 있다. 부가 가치세 10%를 달러 통장에 넣어 두면 어떻게 될까? 달러 투자를 하는 셈이 된다. 자연히 달러를 환전하는 시점에 대한 공부를 할 것이다. 월세를 받았을 뿐인데 달러 투자자가 된다. 월세는 주식 투자로 이어진다. 요즘 핫한 애플, 테슬라, 아마존에 투자하면 지식산업센터 수익률을 올릴 수 있다. 현금이 들어오니 공부를 하게 된다. 바로 투자를 위한 환경이 구축된다.

결국 투자는 돈을 다른 무언가로 바꾸는 능력이다. 단순히 돈을 갖고 있거나 적금을 들고 있으면 인플레이션의 희생양이 된다. 그러나 바꾸는 능력을 장착하는 것은 쉽지 않다. 시간과 비용이 필요하고 그 비용들이 결국 수익률로 돌아온다. 항상 마음과 귀를 열고 발은 움직이자. 성공한 투자자들은 운이 좋았다는 말은 한다. 결국 투자 실력은 능력에서 운을 더한 것이나. 운은 우리가 컨트롤할 수 없는 영역이지만 능력은 노력으로 키울 수 있다. 시기에 따라서 운은 좋을 수도 나쁠 수도 있지만 결국 평균에 수렴한다. 운은 변수지만 실력은 상수라고 생각한다. 운이 좋았다고 말하는 투자자들도 사실 실력 상수가 크기 때문에 성공적인 투자를 하는 것이다.

다주택자라면
틈새 대출도 가능하다

만약 아파트를 소유한 투자자라면 지식산업센터를 이용한 사업자 대출로 목돈을 마련해 다른 투자를 할 수 있다. 이전에는 2년마다 시세대로 신규 계약을 할 수 있었지만 지금은 최근에 임대차 3법이 개정되어 계약 갱신권으로 4년을 기다려야 한다. 이 상황에서 투자금 마련 솔루션이 바로 지식산업센터 투자를 통한 사업자 대출이다. 사업자 대출은 사업자 등록 후 3개월이 지나고 아파트 같은 부동산 담보가 있으면 가능하다. 지식산업센터를 매수할 때 등록한 사업자를 이용하고, 매수 이후 3개월이 지나면 사업자 대출을 받을 수 있다.

예를 들어 보겠다. 보유하고 있는 아파트 시세가 10억 원이라고 가정하자. 여기서 아파트 시세는 네이버 부동산에서 매물로 나와 있는 가격이 아니라 KB 국민은행 시세다. 은행이 아파트를 담보로 대출을 하려면 아파트 시세의 기준이 필요한데 국민은행이 전국의 아파트의 가치를 감정해서 매주 업데이트한다. 아파트 KB 시세가 10억 원인데 전세금이 5억 원이라고 하면, KB 시세의 70% 안으로 사업자 대출이 가능하다. 그럼 7억 원 이하로 대출이 가능하지만 5억 원의 전세금이 먼저 들어간 상태이기 때문에 추가로 약 2억 원 정도 사업자 대출이 가능하다.

단 아파트를 담보로 대출을 받을 때는 거주 중인 세입자의 동의가 있어야 한다. 세입자의 전세금이 은행 대출보다 우선순위가 높아서 세입자에게 부담이 되지 않는다. 그래서 이를 후순위 대출이라고도 부르는데, 그래도 세입자 동의는 협의로 풀어 나가야 한다. 또 사업자 대출은 말 그대로 사업을 운영하기 위한 대출이기에 자금 증빙이 필요할 수 있으니 참고하자.

요약하면 지식산업센터를 이용해 새로운 파이프라인을 만들 수 있고, 돈이 돌고 도는 투자를 해야 부자가 되고 경제적 자유를 이룬다는 말이다. 시행착오가 많겠지만 시간과 비용을 들이면 머지 않아 수익화 시점이 온다.

3장

한 번 보고
바로 실천하는
지식산업센터
투자

: 초보자라면 꼭 알아야 할 투자 과정 A to Z

실전!
지식산업센터 매수

지식산업센터 투자가 왜 좋은지 알았으니 이제 어떻게 투자해야 하는지 알고 싶을 것이다. 매물을 찾기 위해 임장을 다니는 것부터 잔금을 치르고 임차인을 구하는 과정까지 간략하게 정리해 보겠다. 크게 임장 → 대출 조사 → 가계약 → 계약 → 사업자 등록 → 대출 심사와 대출 자필 서명 → 잔금 송금 → 임대 계약서 작성의 순이다.

임장과 대출 조사,
가계약

먼저 임장을 간다. 절차는 아파트와 비슷하다. 전화로 하는 발품,

일명 전화품도 좋고 직접 발로 뛰는 발품도 좋다. 어쨌든 엉덩이를 떼야지 좋은 지식산업센터의 정보가 내 것이 된다. 항상 그 자리에서 계약금의 일부를 송금할 수 있도록 OTP 카드를 준비하고 부동산 중개소 소장님에게는 간절한 모습을 보이고, 스스로는 아무리 좋은 물건이라 해도 한 번 더 생각해 보는 여유를 가지면 된다.

매수할 지식산업센터의 윤곽이 나왔다면 바로 은행 지점장과 통화를 하자. 내향인인 나도 처음엔 주저했다. 하지만 결국 은행은 우리 편이다. 은행 지점마다 대출도 매출이기 때문이다. 팁을 하나 주자면 지점마다 할당된 대출의 양이 있기에 연말보다 연초에 받는 편이 유리하다. 은행 입장에서 신뢰도가 낮은 고객에게 주는 대출은 독이므로 사업자의 신용 조건을 꼼꼼하게 따진다. 지점마다 해당 조건만 충족된다면 은행 또한 대출을 좋아한다는 점을 기억하자. 수십 통의 전화를 돌리다 보면 충분히 대출 조건이 괜찮은 은행을 찾을 수 있다.

아직 대출을 받기로 확정하지 않았더라도 은행으로부터 대략의 한도와 금리에 대한 설명을 들어야 한다. 초보 투자자든 베테랑 투자자든 이 단계에서는 심리적 긴장감을 느낄 수 있다. 계약 전인데다 대출 조건을 문서로 받는 것도 아니고, 지점장과 통화 한 번 하는 것이 전부지만 구두 계약이기 때문이다. 주의할 점은 그래서 계약 이후에 대출을 진행하는 과정에서 말이 달라지기도 한다는 것이다. 특히 대출 한도가 달라지면 굉장히 난감해지기 때문에 개인 신용 대출이나 공동 담보 대출 등의 대책을 마련하는 편이 좋다. 공동 담보 대출이란 시설 자금 대출에서 투자자가 가진 아파트를 공동 담보로 한도를 늘릴 수 있는 대출을 말한다.

우리의 기준에 맞는 대출 조건의 은행이 잠정적으로 결정되면 계약금의 일부를 보내서 가계약을 맺는다. 물론 대출 발품은 계약일까지 지속해야 한다. 사실 말이 가계약이지 이때부터 계약의 효력이 생기고 배액배상도 적용된다. 부동산 투자가 처음이라면 배액배상이라는 단어가 생소할 수 있다. 배액배상이란 부동산 매매 계약 시 계약금을 받은 매도인이 계약을 일방적으로 파기할 경우에는 계약금의 배액, 즉 두 배를 배상해야 한다는 것이다.

본 계약일을 정할 때는 보통 부동산 소장님이 문자로 간략하게 계약 조건을 공유하면서 일정을 조율한다. 참고로 가계약금의 일부는 보통 500만 원 정도고, 상승장에서는 배액배상의 위험을 줄이기 위해 1,000만 원까지도 생각해야 한다.

계약과 사업자 등록,
대출과 법무사 선임

드디어 계약일이다. 넉넉하게 호두과자 세 상자를 구매해서 소장님, 매도자에게 선물하면서 분위기를 좋게 한다. 호두과자를 준비한 이유는 뒤에서 설명하겠다. 이미 송금한 계약금의 일부를 제외하고 총 매매가의 10%의 계약금을 입금한다. 동시에 문서로 계약서를 작성하고 잔금일을 정한다. 잔금일을 보통 한 달 혹은 두 달 뒤로 잡는다. 이제 마음이 느긋해지고 지식산업센터가 내 것인 마냥 기분이 좋을 것이다.

계약서를 작성했다면 사업자 등록증을 만들자. 공실인 경우에는 실사용으로 종목과 업태를 선택하고, 임대라면 '비주거형 임대 사업자'로 등록하면 된다. 개업일자는 잔금일로 정하면 된다. 특별할 것 없고, 사업자 등록증은 지식산업센터 소재지의 구청에서 오프라인으로 할 경우 즉시 발급되며 홈택스에서 발급받는 경우에는 2일 정도 걸린다.

사업자가 됐다는 즐거움도 잠시, 시간이 흘러가면 불안감이 몰려올 것이다. 은행에서 대출에 관한 소식이 들리지 않기 때문이다. 그럴 때면 '혹시나 한도가 달라지면 어떡하지?', '금리가 높으면 어떡하지?' 등 별의별 생각이 들고 속이 타 들어간다. 초보 투자자라면 누구나 겪을 수 있는 초조함이지만 걱정하지 말자. 조금 귀찮더라도 은행에 수시로 전화해서 대출 진행 상황을 체크해 보면 된다. 만약 한도가 바뀌면 다른 대안이 필요하다. 그대로 진행하기보다는 다른 은행을 알아보자. 나도 도중에 다른 은행으로 변경한 적이 있다.

처음 대출을 알아볼 때는 지점장과 통화를 하지만 그 이후로는 배정된 실무자와 연락한다. 실무자와 통화를 하면 보통 '심사 중'이라는 뜻이 담긴 대답을 한다. 참고로 10억 원 이상의 대출은 은행 결재 경로가 달라진다. 10억 원 이하는 지점 안에서 결재가 완료되지만

10억 원 이상은 본사 심사가 필요해서 조금 더 시간이 걸리고 절차도 까다롭다. 은행원은 가능한 한 은행별로 10억 원 이하 금액을 대출받는 것을 더 선호한다.

대출 심사가 무사히 진행되면 은행 실무자에게 전화가 올 것이다. 대출 심사가 완료됐으니 자필 서명하는 일정을 잡는다. 참고로 대출 거래 약관 및 계약서에 자필 서명하는 것을 줄임말로 '대출 자서'라 한다. 보통 해당 지점에 가서 서명을 하지만 대출 담당자가 직접 근처로 오는 경우도 있다. 드디어 얼굴에 미소가 번지고 안도의 숨을 쉴 수 있을 것이다. 한도는 확정됐고 금리는 실제 대출이 발생하는 잔금일에 결정된다. 그리고 일부 은행에서는 매수할 지식산업센터에 대한 화재 보험 조건이 붙을 수도 있다. 보통 건물 자체에 화재 보험이 있기에 필수는 아니지만 대출 계약에 포함돼 있다면 어쩔 수 없다. 대출 은행을 결정하는 시점에 문의해 보기를 추천한다.

대출에 필요한 서류는 직장인이라면 근로 소득 원천 징수 영수증, 재직 증명서, 신분증, 주민 등록 등본, 국세 납세 증명원, 지방세 납입 증명서, 인감 증명서다. 사업자라면 근로 소득 원천 징수 영수증이 아닌 부가 가치세 납입 증명서같이 소득을 증빙할 수 있는 서류가 필요하다. 인감 증명서를 제외하고는 홈택스 혹은 정부24에서 온라인 출력이 가능하다. 직장인이라면 근로 소득 원천 징수 영수증과 재직 증명서, 사업자 등록증 3종 세트는 스캔을 하거나 사진을 찍어서 스마트폰에 저장해 놓자. 대출을 위해 전화통을 할 때 은행에서 요청하기 때문이다. 지식산업센터 직장인 투자자에게는 필수 서류다.

대출 계약서에 자필 서명을 하면 은행원은 법무사 선임에 대한 이야기를 할 것이다. 은행에서 추천하는 법무사에게 등기 절차를 위임하면 편하지만 은행과 연관된 법무사 선임이 필수는 아니다. 이제 힘든 구간은 지났기 때문에 마음이 한결 편해질 것이다. 투자자는 대출을 제외한 투자금을 확보하고 등기 관련 서류를 준비하면서 잔금일까지 기다리면 된다.

잔금 송금과 부가 가치세 환급, 매수

잔금일이다. 잔금을 치르는 시간은 보통 평일 오전 시간이 좋고 늦어도 오후 2시 이후로는 잡지 않는다. 은행에서 대출금을 보내 주어야 하기 때문에 은행 업무 시간을 기준으로 정한다. 잔금을 치르는 과정은 순조롭게 진행된다면 30분 안에 끝난다. 법무사 사무소의 사무장이 와서 취득에 필요한 서류들을 체크하고 문제가 없으면 은행에서 매도자에게 먼저 대출 금액을 입금한다. 우리는 이어서 잔금을 송금하면 된다. 사무장이 등기를 하러 가기 위해 자리를 뜨면 곧 매도자도 돌아간다. 소장님과 둘이 남으면 잠깐 머물며 이런저런 이야기를 하면서 중개료 이야기도 나눈다. 중개료를 송금하면 잔금일 일정이 끝난다.

이날 반드시 확인해야 할 사항이 하나 더 있다. 사업자 간 거래기에 매도자는 매수자에게 지식산업센터 건물분에 대한 전자 세금 계산서를 발급해야 한다. 보통 당일에 완료되지만 매도자 일정에 따라 다음 날에 진행될 수 있다. 매도자가 전자 세금 계산서를 발급해야만 한 달 뒤 부가 가치세 조기 환급 신청을 통해 부가 가치세를 환급받을 수 있다. 부가 가치세에 대한 내용은 뒤에서 추가로 설명하겠다. 잔금일 다음 날까지 메일로 전자 세금 계산서가 오지 않으면 부동산 소장님을 통해 반드시 확인하자.

임차인 구하기와 임대 계약서 작성

이제 지식산업센터 매수가 끝났다. 매수한 사무실에 이미 임차인이 있는 상태라면 따로 일정을 잡아서 임대 계약서를 작성해야 한다. 만약 해당 지식산업센터가 거주지와 멀어 가기가 힘들면 소장님이 대리로 작성해 주기도 한다. 임대 계약서 작성 일정은 군이 말하지 않아도 보통 부동산 소장님이 챙겨 주지만 아무 이야기가 없을 때는 한 번 더 체크하자.

만약 공실이라면 부동산 중개소를 통해 임차인을 구하면 되는데, 임차인이 구해지기 전까지는 관리비 같은 유지 비용이 들어간다. 임차인이 구해지면 아파트 전세 계약처럼 똑같이 계약 날짜를 잡아서 임차 계약서를 작성하면 된다.

이 모든 과정을 보기 쉽게 정리하면 이렇다.

지식산업센터 매수 과정과 체크 리스트

임장
- ✓ 대출 은행 리스트
- ✓ 대출 한도 / 금리 1차 확보

------ 가계약
- ✓ 계약금의 일부
  (최소 500만 원, 최대 1,000만 원)
- ✓ 계약일 결정

1~2주
- ✓ 매매가의 10% 계약금 확보

------ 계약일
- ✓ 신분증
- ✓ 등기부 등본의 매도자 체크
- ✓ 계약금 송금
- ✓ 잔금 일자 협의
- ✓ 사업자 등록

1~2달
- ✓ 대출 심사
  - 직장인: 근로 소득 원천 징수 영수증(부가 가치세 납입 증명서), 재직 증명서, 국세 납입 증명서
  - 사업자: 신분증, 사업자 등록증, 주민 등록 등본 추가

------ 잔금일
- ✓ 취득 서류 확인
  - 신분증, 사업자 등록증, 주민 등록 등본, 인감 증명서
- ✓ 잔금 송금
- ✓ 부가 가치세(건물분), 전자 세금 계산서 발급
- ✓ 중개료 송금 및 전자 세금 계산서 발급

지식산업센터 투자에서는 은행 대출이 꽃이며, 은행 네트워크가 끈끈할수록 좋은 조건의 대출을 받을 확률이 높아진다. 그만큼 투자자도 대출과 연관 있는 시점에 불안함과 초조함 등 심리적 압박을 크게 느낄 것이다. 가계약 전에 대출 은행을 알아볼 때와 계약 후 대출 심사가 나오기 전이다. 하지만 걱정하지 말자. 다시 강조하지만 은행은 우리 편이다.

다음으로는 지식산업센터 투자 과정에서 초보 투자자들이 가장 궁금해하고 놓치기 쉬운 내용을 자세히 정리해 보겠다.

좋은 매물의 열쇠는
부동산 중개소에 있다

초보자들이 가장 먼저 부딪치는 난관이다. 매물을 찾기 위해서는 먼저 시세를 파악해야 한다. 그런데 지식산업센터 시세는 어디서 확인해야 할까? 잘 보이지 않는다. 지식산업센터는 아파트와 달리 '호갱노노', '아실', '부동산지인' 같은 시세 파악용 앱이 많지 않다. 참고할 만한 사이트는 기껏해야 '네이버 부동산'과 '지식산업센터114', 'DISCO' 정도인데 이곳들의 데이터는 모든 매물을 확인하기에는 다소 미흡하다.

지식산업센터는 아파트보다 폐쇄적인 종목이다. 그래서 손품보다 전화품과 발품이 중요하다. 대략적인 입지는 지도로 확인할 수 있지만 시세와 매물 조사를 하려면 엉덩이를 떼야 한다. 신규 입주가 가능하거나 매물이 많은 지식산업센터는 온라인으로도 확인할 수 있지만, 수요가 많고 매물이 부족한 수도권 지식산업센터는 부동산을 통해 알음알음 매물을 찾아내야 한다.

그들만의 리그에 녹아들어라

따라서 지식산업센터의 정보를 구할 때는 부동산 중개인이 '갑'이다. 부동산 중개소와 끈끈한 네크워크를 형성하면 높은 확률로 좋은 정보를 얻을 수 있기 때문에 좋은 매물을 찾으려면 내 이름이 소장님의 연락 장부 위쪽에 있어야 한다. 안타깝지만 초보자에게는 어쩔 수 없는 허들이다. 지식산업센터 시장에는 그들만의 리그가 있다. 부동산 중개인은 좋은 매물이 나왔을 때 그 정보를 굳이 모두가 볼 수 있게 공지하지 않는다. 이미 장부에 순위를 매긴 매수 대기자 목록이 있기 때문이다. 그래서 좋은 매물은 네이버 부동산에 올라오지 않는다.

하지만 낙담하기에는 이르다. 분명히 그들만의 리그가 있지만 그렇다고 초보자도 못할 건 없다. 소장님의 중개 리스트 우선순위에 올라 보자. 이는 눈도장을 찍어야 가능하다. 단순하지만 여기서부터 시작이다.

눈도장을 찍는 몇 가지 방법이 있다. 첫째는 부동산을 방문했을 때 확실한 매수 의사를 밝히는 것이다. "급하지 않아요~", "좋은 물건 있을 때까지 기다릴게요~" 등의 여유로운 자세로는 절대 매물이 오지 않는다. "좋은 물건 있으면 매수하려고 OTP까지 준비했어요", "바로 계약금 입금할 수 있어요" 등의 적극적인 말과 행동으로 매수 의사를 강하게 비춰야 한다.

두 번째는 소장님이 나에게 미안한 감정을 들게 만드는 것이다. 운이 작용해야 성공하는 방법이기 때문에 쉽지 않을 수도 있다는 점을 주의하자. 지식산업센터는 팔려는 사람보다 사려는 사람이 많은 매도인 우위 시장이 꽤 오래 지속돼고, 그러다 보니 매도인의 변심으로 매매가 어그러지는 경우가 많다.

나 또한 매매가 여러 번 무산돼다. 매도인이 당시 시세 상승률을 보고 기존의 계약을 취소하려고 한 적도 있다. 그 당시에 배액배상을 하려는 매도인에게 매매가를 올려서 돈을 더 지불하고 지식산업센터 매수 계약을 했다. 힘들게 결정해 계약 의사를 밝혔는데 매도자가 변심한다거나 혹은 이미 계약이 된 매물인 경우도 있었다. 이런 일이 발생하면 부동산 중개인은 매수자에게 미안해한다. 또 이때 중개인은 매수자에게 '이 사람은 꼭 매수를 하고 싶어 하는구나' 혹은 '꼭 매수를 하겠구나' 같은 확신을 가진다. 비즈니스를 할 때는 감정을 섞으면 안 된다지만 현실은 감정이 논리보다 앞선다.

세 번째는 부동산 사무소에 또 다른 투자자를 소개해 주는 것이다. 부동산이 정보를 닫아 두는 또 다른 이유가 있다. 다른 부동산에서 매물 확인을 위해 매수자인 척 방문하는 경우가 많기 때문이다. 그래서 좋은 매물이 나오면 처음 찾아온 매수자보다 신뢰할 수 있는 기존 매수자에게 연락을 한다. 혹은 우선순위가 높은 기존 매수자를 통해 또 다른 매수자에게 연결해 주기도 한다.

만약 투자금이 부족해 내가 살 수 없는 매물이라면 자금 여력이 있는 투자 동료들을 소장님에게 소개해 보자. 나도 그렇게 매매를 성사시킨 적이 있다. 이때 소장님이 부동산업을 같이하자는 이야기를 할 정도로 나에 대한 소장님의 호감도가 높아졌다. 소장님을 대신해서 매수자를 찾았고, 거래가 성사되어 소장님에게 수익을 안겨 줬으니 우선순위가 올라갈 수밖에 없다. 지식산업센터에 관심이 있고 자금 여력도 있는 친한 투자자를 많이 사귀어 보자.

네 번째 방법은 자주 방문해서 대화를 나누는 것이다. 다른 일정으로 지식산업센터 근처에 갔더라도 꼭 부동산 중개소에 방문하자. 지식산업센터는 아파트보다 정보가 한정적이기 때문에 인적 네트워크가 중요하다. 나도 종종 중개소에 방문해 커피도 마시고, 점심도 같이 먹으면서 부동산 시황에 대해 이야기를 나눈다.

이렇게 만난 소장님 중에는 세입자가 나간 뒤 요청하지 않았는데 임대 상품성을 높여 주려 오피스 청소까지 해 준 분도 있다. 임대차 계약은 1년 혹은 2년 단위로 이루어지는데 그때마다 신경을 써 주기도 한다. 재계약 여부와 〈상가 임대차 보호법〉으로 월세를 5%밖에 올리지 못하더라도 꼼꼼하게 신경 써 준다. 이렇게 쌓인 신뢰로 임대차 계약을 갱신할 때 중개료를 받지 않는 경우도 있다.

요약하면 요즘 지식산업센터 투자가 꽤 알려졌다고는 하지만 정보의 폐쇄성 때문에 여전히 블루 오션인 종목이라는 뜻이다. 그들만의 리그가 존재하고, 정보를 얻으려면 그 안으로 들어가야만 한다. '왜 부동산 사무소에서 전화가 안 오지?', '왜 물건이 없다고 하지?'라는 생각이 든다면 당신이 리그 밖에 있기 때문이다. 지금 나에게는 부동산 중개소에서 틈틈이 연락이 온다. 지식산업센터는 아파트 투자보다도 인적 네트워크가 더 필요한 종목이라 생각한다.

부동산 중개소에 당당하게 방문하는 다섯 가지 비결

대부분의 초보 투자자는 부동산 중개소 방문을 꺼린다. 극내향인인 나도 부동산 중개소 방문이 어려웠다. 어떤 이에게는 어렵지 않은 일일 수도 있다. 처음부터 쉽게 부동산 중개소에 방문하고 소장님과 거리낌 없이 지내는 사람들을 보면 부럽기도 했다. 물론 인간관계를 두려워하지 않는 초보 투자자도 있지만 나는 중개소 문 앞에서 서성거리다 결국 돌아간 적도 있다.

아파트 투자를 하면서 부동산 중개소에 방문하는 것이 나름 익숙해졌다고 생각했는데, 지식산업센터를 위해 방문하자니 아무것도 모르던 초보 시절로 돌아간 것 같았다. 지금은 많이 달라졌다. 가끔 부동산 문턱을 넘을 때 멈칫하지만 당당한 투자자의 페르소나를 갖추기 위해 단련했고 경험으로 성장했다. 즉 현금이 많고, 투자한 아파트에서 전세 대금이 나오고, 부동산 투자 경험이 많은 가상의 인격을 만들었다. 이렇게 되기까지 사용한 방법 다섯 가지를 이야기해 보겠다.

첫째는 바로 비즈니스 상황에 어울리는 옷을 입는 것이다. 나는 편한 옷을 좋아한다. 청바지에 티셔츠가 취향이다. 전 직장에서도 부장의 직급을 달았지만 편한 옷차림으로 다녔다. 하지만 부동산 중개소에 방문할 때는 다르다. 이 일은 남에게 보이는 모습이 호재로 작용할 때가 있다. 보통은 전문적인 투자자의 모습을 보여 주기 위해 잘 입지 않는 비즈니스 캐주얼을 입는다.

둘째는 계속해서 임장을 다니되 '나는 현금 부자다'라는 마음가짐을 갖는 것이다. 이 태도는 특히 투자금이 부족한 이들에게 필수다. 초보자들은 이런 질문을 많이 한다.

"계속 투자하기 위한 돈은 어떻게 마련해요?"

언제나 부유한 사람, 일명 '금수저'가 아니라면 늘 투자금을 가진 투자자는 드물다. 물론 대출을 이용할 수도 있고 이미 다른 주택을 갖고 있다면 전세 가격 상승으로 주기적으로 투자금을 마련할 수 있지만 초보자는 그렇지 않다. 돈이 없으면 지속적인 투자할 수 없다는 사실을 먼저 인정하고 간극을 채워 줄 무언가를 찾아야 한다.

이때 '나는 부동산 투자에 진심인가?'라는 질문을 던져 보자. 부동산에 진심이라면 투자와 투자 사이를 경험, 즉 시세 파악과 임장으로 채워야 한다. 멈추면 안 된다는 이야기다. '나중에 돈 생기면 투자해야지'라고 생각하면 이미 돈을 모을 수 있는 시기는 지나가 버린다. 다시 0부터 시작해야 할 수도 있다.

최소한 수도권 입지별 대장 지식산업센터 시세만이라도 지속해서 체크해야 한다. 수도권 지식산업센터 임장은 모두 가 보자. 힘들다고 생각할 수도 있지만 지식산업센터는 수도권에 집중적으로 모여 있어서 임장 다니기가 편하다. 임장에서 시세를 파악하고 분위기를 보면 부동산 보는 눈을 기를 수 있다.

하지만 그렇게 임장을 다녀도 이제 막 시작한 투자자라면 자금이 부족할 것이고, 이미 투자 경험이 있는 투자자라도 한 번 투자를 하고 나면 다음 투자를 하기까지 돈이 부족한 시기가 생긴다. 그래서 돈이 부족한 투자와 투자 사이에 임장을 갈 때는 현금 부자라는 페르소나를 써야 한다. 부동산 임장은 공부하러 가는 것이 아니라 실전이기 때문이다.

임장을 갈 때 투자금이 부족해도 소장님이 가진 투자금이 얼마인지 물어보면 상황에 맞게 1억 원에서 2억 원 정도 있다고 이야기하자. 부동산 소장님에게 내가 진짜 투자자라는 신뢰를 주어야 하고 소장님 입장에서도 고객의 자금을 알면 맞춤형 투자처를 소개할 수 있기 때문이다. 지식산업센터를 다루는 부동산 중개소는 아파트와 달리 다른 지역의 매물을 갖고 있는 경우도 많다. 나에 대한 소장님의 신뢰가 올라가면 당장 조건에 맞는 물건이 없다 해도 알맞은 물건이 생겼을 때 매물 정보를 받을 수 있다.

셋째, 연기는 하지만 거짓말은 하지 말아야 한다. 매수를 하러 갈 때는 매도자인 척, 매도를 하러 갈 때는 매수인인 척하라는 말이 있다. 시세 파악을 하고 싶은 투자자도 있겠지만 개인적으로는 추천하지 않는다. 초보 투자자라면 경험이 풍부한 소장님에게 금방 들킬 가능성이 크기 때문이다. 더군다나 방문한 부동산 중개소와 좋은 거래를 이어 가야 하는데 거짓말을 하면 신뢰가 무너진다. 지식산업센터 부동산 시장은 특히 폐쇄적이라 거짓 방문은 독이 될 수도 있다.

앞에서 임장을 나갈 때 부동산 중개인에게 1억 원에서 2억 원 정도를 현금이 있는 부자인 척하라고 말하지 않았느냐고 반박할 수 있다. 거짓과 과장은 잘 구분하자. 가상의 투자금은 약간의 과장을 덧붙인 연기에 속한다. 돈이 부족할 뿐 없는 것은 아니다. 만약 실제 가진 투자금이 3,000만 원이라면 7,000만 원 부족한 1억 원을 갖고 있다고 생각하자. 약간의 과장은 오히려 자신감을 준다.

이런 경우도 과장을 덧붙인 연기다. 언젠가 처남의 아파트 투자를 도와주러 임장을 간 적이 있다. 처남은 실거주할 집을 찾는 중이며, 매형이 같이 알아본다는 시나리오를 짰다. 우리는 투자자의 분위기를 내지 않으려고 했다. 실제로 처남은 무주택자였고, 실거주할 여건이 안 되었지만 보유한 자금에 맞는 아파트 투자처를 찾고 있었다. 해당 지역의 대장 아파트를 살 정도의 자금은 부족했지만 시세 파악 및 급매를 찾기 위해 실거주 측면과 자금 측면에 대해 조금은 과장된 페르소나를 갖고 임장에 임했다. 지식산업센터로 바꾸면 처남은 부하 직원, 나는 사업체 대표의 역할을 나눠서 하면 된다.

넷째, 굳이 아는 척하지 않아도 된다. 아는 내용이라도 소장님이 한 번 더 짚어 주는 것도 경청하자. 소장님과 대화를 나눌 때는 소장님과 투자자가 8 대 2 정도로 말하면 적당하다. 처음에는 괜히 무시당할 것 같아서 아는 척했지만 소장님은 다 안다는 생각이 들었다. 얼마나 많은 고객을 경험했을까? 초보는 초보 행색을 해야만 도움의 손길을 받는다. 만약 투자자를 무시하는 소장님이 있다면 그냥 적당히 대화를 주고받다가 다른 부동산 중개소를 찾아가면 된다. 그 지역에 부동산 중개소가 하나만 있지는 않으니 말이다.

다섯째, 약소한 선물을 준비해 분위기를 편안하게 만들자. 나는 천안에 살고 있기에 1만 원 정도의 호두과자를 사 간다. 임장을 다닐 때는 가장 신뢰가 가는 소장님 한 분에게만 드린다. 계약을 할 때는 매도인과 공인 중개사에게 줄 두 상자가 필요하다. 만약 공동 중개면 하나를 추가해 세 박스를 준비하면 된다. 계약할 때 이런 소소한 선물을 가져가면 다소 경직된 분위기를 풀어 주고, 임장을 다닐 때는 소장님의 기억 속에 미약하게나마 남을 수 있다.

만약 지방에 사는 투자자라면 사는 곳을 밝혀서 멀리서 시간 내어 왔다는 것을 강조하자. 나한테는 이 두 가지를 만족하는 선물이 바로 호두과자였다. 작은 선물 하나로 큰 무언가를 기대해서는 안 되지만 이것도 일종의 뇌물이다. 선물은 대가를 바라지 않지만 뇌물은 좋은 매물을 나에게 소개해 달라는 의미로 주는 대가다. 개인적으로는 소장님이 선물을 받는 순간 일종의 작은 계약이 성립됐다고 생각해 자신감이 생겼다. 작은 선물은 특히 내향적인 투자자들에게 여러모로 효과 좋은 도구다.

첫 지식산업센터 임장을 나갔을 때가 생각난다. 부동산 중개소에 들어가서 앉지도 못하고 문 옆에서 대화를 나눴다. 처음이라 그렇다. 몇 번 가 보면 두려움이 점점 사라질 것이다. 기억해 두자. 옷차림, 실제로는 투자금이 부족해도 살 수 있다는 현금 부자라는 페르소나, 진실된 모습, 아는 척하지 않는 겸손함, 관계의 윤활제 역할을 하는 작은 선물이다. 그러다 보면 나의 투자 성향을 맞춰 주는 소장님을 만날 수 있고 스스로 소장님에게 맞추는 기술도 터득할 것이다.

우리는 좋은 투자처, 즉 수익률 좋은 매물을 소개받기 위해 부동산 중개소를 방문한다. 좋은 매물로 가는 열쇠는 소장님이 갖고 있다. 결국 소장님은 부동산 투자에서 중요한 비즈니스 파트너다. 누군가는 부동산 중개인이 하는 일 없이 수수료만 챙긴다고 하지만 나는 그렇게 생각하지 않는다. 거래 시 소장님들에게 웬만하면 중개료를 깎지 않고 오히려 더 얹어 줄 때도 많다. 좋은 물건에 대한 보답이다. 더도 말고 덜도 말고 투자를 시작했으니 프로라고 생각하자. 비즈니스 관계를 좋게 만들어 그 관계를 수익률 높은 물건으로 연결하는 것이 부동산 중개소에 방문하는 목적이다.

분양권이냐 기축이냐,
그것이 문제로다

부동산 중개소를 통해 매물에 대한 정보를 얻었다면 그중에서 더 좋은 매물을 고를 차례다. 이 단계에서는 많은 투자자가 아직 지어지지 않은 신축 지식산업센터의 분양권을 받을지, 이미 지어진 기축 지식산업센터를 매수할지 고민한다. 모든 투자에는 장단점이 있다. 지식산업센터도 아파트처럼 분양권이 좋을 수도, 기축이 좋을 수도 있다. 하지만 지식산업센터 투자가 처음인 투자자라면 분양권을 받기는 어려울 수 있다. 신축 분양이 어떤 기준으로 진행되는지 알 수 없기 때문이다. 이를 설명하기 위해 신축 지식산업센터 분양 과정을 설명하겠다.

초보 투자자라면 기축,
단 대장 분양권은 예외

아파트는 '아파트투유'라는 사이트에서 모든 분양 과정을 관리하기 때문에 여기서 청약 신청부터 진행 과정, 결과까지 확인할 수 있다. 반면 지식산업센터는 청약 공고가 어디에 있는지도 알기 힘들다. 이때 다시 등장하는 인물이 바로 부동산 중개소 소장님이다. 투자자들은 보통 소장님에게 정보를 얻는다. 그런데 소장님도 지식산업센터 분양 팀을 통해 전달받기 때문에, 시행사 입맛에 따라 분양 일정이 변하기도 한다. 투명하게 공개된 청약 시스템이 없다.

기축 지식산업센터(도로 왼쪽)와 건축 중인 신축 지식산업센터(도로 오른쪽)

GS건설, 현대엔지니어링, 에이스, 태영, SK 같은 시행사는 기업이다. 투자자보다 조직적으로 입지와 시세 분석을 한다. 그래서 기존에 계획된 분양 일정을 연기해서 분양가를 높이는 분위기다. 분양 일정이 어느 정도 가시화되면 시행사의 의뢰를 받은 분양 팀은 부동산 중개소에 입주 의향서를 배포한다. 그러면 우리는 소장님을 통해서 입주 의향서를 얻을 수 있다. 입주 의향서는 어떠한 법적 효력도 없으며 단순히 공장을 받고 싶다는 의사를 전달하는 용도의 문서다. 따라서 입주 의향서를 제출한다고 반드시 호실을 분양받는 것은 아니다. 하지만 입주 의향서를 제출하지 않으면 분양을 받을 수 없으니 꼭 작성하자.

이후 입주자 모집 공고가 올라오면 시행사는 입주자를 선정한다. 원칙적으로는 법인 사업자를 우선하고, 매출을 비교해서 매출이 많은 사업체에게 우선순위를 부여해야 하지만 실상은 다양한 방식으로 입주자를 선정한다. 예를 들면 많은 호실을 신청한 사람을 먼저 선정하는 '다면적 우선', 특정일 특정 시각에 청약금을 먼저 입금하는 선착순 '초 치기', 공장과 업무 지원 시설, 공장과 창고를 함께 신청한 사람에게 우선권을 주는 '묶음 판매' 등 여러 가지 방식이 있다. 따라서 지식산업센터마다 어떤 방법, 어떤 비율로 입주사가 선정됐는지 도무지 알 수가 없다.

이렇게 시행사마다 분양 일정 공고 방법, 입주자 선정 방식이 다르다 보니 호실 배정을 받았는데 갑자기 취소되는 일도 간혹 발생한다. 초보 투자자가 원분양자로 배정받기는 힘들다는 이야기다. 따라서 초보 투자자에게는 이미 지어진 기축 매수를 추천한다. 분양권은 시세를 반영하지 않은 원가로 매수할 수 있어서 매수할 때 기분이 좋을 수는 있지만, 지식산업센터에는 분양가 상한제가 없어 분양가가 현 시세보다 더 비싼 경우가 많다. 오히려 최근에 지어진 기축을 매수해서 임대하는 투자 방법이 더 유리할 수 있다. 거기다 기축을 매수하면 계약부터 대출받기, 잔금 치르기, 임대 계약까지 한 사이클을 단기간에 경험할 수 있기에 초보 투자자에게는 좋은 경험이 된다.

물론 초보 투자자라도 분양권 매수를 고려해야 하는 경우도 있다. 해당 지역에서 입지와 상품성을 고려했을 때 대장이 될 수 있는, 즉 완공 후 가장 비싼 평 단가를 유지할 수 있는 지식산업센터 분양권은 충분히 투자할 가치가 있다.

분양권 투자의 장점
: 전매 가능, 비교적 작은 초기 투자금

분양권 투자도 장점이 있다. 먼저 전매를 통해 수익을 실현할 수 있어 유연한 투자가 가능하다. 전매란 완공 전의 분양권 상태에서 단기적 이익을 위해 매도하는 방식이다. 프리미엄을 주고 매수하듯이 반대로 프리미엄을 붙여서 파는 것이다. 물론 이때 매도자가 감수해야 하는 리스크가 있다. 바로 프리미엄의 40%에서 50%까지 적용되는 양도세다.

또한 분양권의 초기 투자금이 기축보다 덜 든다. 분양권은 분양가의 10% 금액으로 계약할 수 있기 때문이다. 분양권 초기 투자금은 일반적으로 계약금 10%, 중도금 대출 40%, 잔금 50%로 구성된다. 분양권을 매매할 때 투자금은 프리미엄 액수에 달려 있다. 분양권을 매매할 경우 원분양자가 지불했던 계약금 10%에 협의된 프리미엄 금액을 준비하고 중도금 대출은 승계를 받는다. 중도금 대출에 문제가 없으면 지식산업센터가 입주할 때까지 계약금 10%와 프리미엄으로 투자가 가능하다.

기축 지식산업센터에 들어가는 초기 투자금은 대출에 따라 달라진다. 지식산업센터의 시설 자금 대출은 80%에서 많게는 95%까지 나오기 때문이다. 시설 자금 대출이 80%라고 하면 매수가의 20%에 취득세, 중개비 같은 부대 비용을 합해서 계산해야 한다.

참고로 지식산업센터 초기 투자금에는 부가 가치세에 해당하는 금액도 포함된다는 사실을 기억하자. 사업자로 건물을 매수하기 때문에 건물분에 대한 부가 가치세가 필요하다. 부가 가치세에 대한 내용은 복잡하지만 투자자 입장에서는 이렇게만 생각하면 된다. 지식산업센터는 건물과 토지로 구분되고, 건물에만 부가 가치세가 부과된다. 건물분의 부가 가치세는 잔금을 치를 때 필요한 자금이고 매도자가 세금 계산서를 발행하면 홈택스 사이트를 이용해 조기 환급을 받을 수 있다. 복잡해 보이지만 잠깐 필요하고 한두 달 뒤에 받을 수 있는 돈이라고 생각하자.

정리하면 분양권은 계약금 10%와 프리미엄, 기축은 시설 자금 대출을 제외한 자금과 취득세와 부가 가치세가 있어야 한다는 이야기다. 아래는 10억 원짜리 지식산업센터의 신축 분양권을 받을 때와 기축을 매수할 때의 초기 투자금을 비교한 도식이다. P는 프리미엄 가격을 뜻한다.

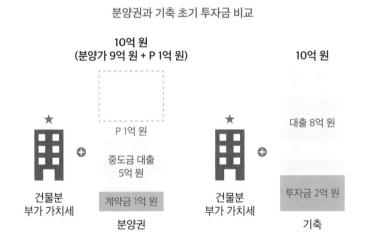

분양권과 기축 초기 투자금 비교

분양권 매수 시 주의점
: 공실 리스크를 대비해라

분양권을 매수했다면 지식산업센터 완공 후 등기를 해야 할 시점이 되면 바빠진다. 계약금 10%를 제외한 나머지 자금을 준비해야 하기 때문이다. 중도금 대출도 잔금 대출로 전환해야 한다. 아파트 집단 대출처럼 지식산업센터도 특정 은행 지점에서 집단 대출을 진행한다. 하지만 집단 대출이 필수는 아니다. 한도가 더 많고 금리가 더 저렴한 곳이 있을 수 있기에 은행 발품은 유효하다. 일반적으로 집단 대출이 한도와 금리가 괜찮은 편이다. 그러나 많은 입주자가 한꺼번에 대출을 진행하다 보니 은행에서 세심한 케어를 받지 못한다는 단점이 있다. 잔금 대출인 시설 자금 대출이 확정되고 입주일을 정하면 해당 날짜에 법무사를 통해 잔금 납부와 등기 절차를 진행한다.

그러면 드디어 분양권이 소유권으로 변경된다. 이제부터 시작이다. 분양권의 가장 큰 리스크는 공실이다. 실사용이 아닌 임대 투자가 목적이라면 임차인을 빠른 시기에 구해야 한다. 이 과정은 아파트 전세입자를 구하는 것과 같다. 대단지 아파트 입주장에 많은 전세 매물이 있는 것처럼 연면적이 큰 지식산업센터도 한꺼번에 많은 호실이 임대로 나온다. 한마디로 입주 물량이 터진다.

공급 앞에서는 장사가 없기 때문에 수요가 많은 서울 지식산업센터도 많게는 6개월까지 공실을 견뎌야 한다. 경기도는 2년까지 가는 곳도 있다. 최악의 경우를 대비해서 공실 기간 동안 대출 이자를 감당할 수 있는 전략을 짜야 한다. 약 1년 정도의 공실을 염두하고 대출 이자와 관리비를 매매가에 포함하자. 예를 들어 분양가 5억 원의 지식산업센터를 매수한다고 가정해 보자. 시설 자금 대출 80%를 받으면 4억 원, 대출 금리가 4%라고 했을 때 1년에 1,600만 원의 대출 이자가 발생한다. 이 경우 5억 1,600만 원으로 매수했다고 생각하면

1년 동안 공실을 견딜 수 있다.

최근 지방 지식산업센터 분양 광고가 많아졌다. 광고가 많다는 것은 어렵게 분양 중이라는 의미다. 서울, 수도권 주요 입지의 지식산업센터 광고를 본 적이 있나? 시행사는 임대를 책임지지 않는다. 완판이 되면 시행사의 수익률은 완성된 것이기 때문이다. 임대는 온전히 분양받은 투자자의 몫이다. 그러니 임대를 책임지지 않는 시행사가 알려 주는 임대 수요와 수익률은 참고만 하자.

요약하면 분양권은 완공까지 약 2년 동안 전매로 단기간 수익 실현이 가능하고 완공 후에는 임대로 변환할 수 있어 유연한 투자가 가능하다는 뜻이다. 단 입주 물량으로 인한 공실 리스크를 반드시 자금 계획에 반영하자. 초보 투자자는 계약부터 잔금과 임대까지 한 사이클을 경험할 수 있는 기축 투자를 추천한다. 기축 투자 경험을 바탕으로 분양권 매수로 옮겨 가도 좋다.

지식산업센터는 많고
오피스는 다양하다

기축이냐 분양권이냐의 갈등을 끝냈다면 구체적으로 어떤 오피스를 고를지 고민하는 단계에 이른다. 아파트에도 24평, 34평, 39평 등 여러 평수가 있듯이 지식산업센터도 마찬가지다. 어떤 사업체는 한 층을 전부 사용하기도 한다. 지식산업센터 건물의 외관은 보통 20층 이상의 고층이고 최저층은 부동산과 음식점 같은 상가가 즐비한 모습이다. 그리고 서층부에서는 대형 마트처럼 위층 주차장으로 올라가는 통로도 보인다.

초보 투자자라면 여기서 몇 가지 의문이 들 것이다. '지식산업센터는 분명히 공장이라 아무 업종이나 들어올 수 없다고 했는데? 그리고 평수가 다양하면 어떤 평수를 골라야 하지?' 이번에는 지식산업센터 건물 안에 어떤 시설들이 있는지, 어떤 호실을 골라야 하는지에 대해 설명해 보겠다.

업무 지원 시설은 피하되 문정동은 눈여겨볼 것

지식산업센터 초보 투자자 시절, 한 지역의 여러 부동산 중개소를 방문한 적이 있다. 그런데 소장님들이 지식산업센터가 아닌 지식산업센터와 비슷한 매물을 소개해 줬다. 바로 업무 지원 시설이다. 소장님들은 업무 지원 시설도 오피스로 사용할 수 있다고 이야기했다. 당시의 나는 무슨 말인지 모르고 고개만 끄덕였다.

업무 지원 시설은 무엇일까? 지식산업센터는 공장이다. 건축물 대장에 '공장'이라고 적혀 있다. 반면 업무 지원 시설은 공장이 아니다. 입주한 공장의 업무가 원활하게 진행되도록 돕는 역할을 할 뿐이다. 건축물 대장에도 업무 지원 시설이라고 쓰여 있다. 지식산업센터 건물 안에 함께 있지만 엄연히 공장과 다르다. 정리하면 지식산업센터의 시설은 공장과 지원 시설로 구분되고, 지원 시설은 상가 같은 근생 시설, 변호사 사무실 같은 업무 지원 시설과 기숙사로 나뉜다는 말이다.

투자자들이 일반적으로 생각하는 지식산업센터는 공장이다. 지원 시설은 보통 지식산업센터 건물의 30% 정도로 입주하고 주로 1, 2층에 자리한다. 업종 제한이 없어 음식점, 편의점, 부동산 중개소, 세무사 사무실 등이 입점한다.

분당수지유타워 내 업무 지원 시설

그럼 업무 지원 시설에 투자해도 될까? 업무 지원 시설에는 공장, 즉 우리가 일반적으로 말하는 지식산업센터의 혜택들이 적용되지 않는다는 것을 명심하자. 공장에서는 80% 이상이었던 대출 한도가

지원 시설을 대상으로 하면 보통 60% 수준에 그친다. 또 공장보다 투자금이 많이 들어간다. 실투자금은 말할 것도 없다. 그리고 굳이 지식산업센터 내 상가를 매수할 필요는 없다. 상가를 매수할 생각이라면 범위를 지식산업센터로 좁힐 필요는 없기 때문이다.

단 송파구 문정동에 위치한 지식산업센터의 업무 지원 시설은 예외다. 업무 지원 시설은 겉보기에는 공장과 유사한데, 이곳에는 공장에 입점할 수 없는 변호사 사무실, 세무사 사무실, 법무사 사무실과 은행, 보험 업종이 입주할 수 있다. 문정 지식산업센터는 법조 타운과 인접해서 법무사 사무실, 변호사 사무실 등의 수요가 크다. 이런 이유로 은행에서도 문정동에 위치한 지식산업센터 내 업무 지원 시설에는 공장과 비슷한 80% 수준의 대출을 내 준다. 투자할 만한 가치가 있다는 뜻이다.

드라이브 인과 일반 오피스, 상황에 맞게 판단해라

경기도 안양시 평촌, 군포시 금정, 용인시의 지식산업센터를 방문하면 '드라이브 인Drive in'이라는 오피스를 볼 수 있다. 드라이브 인은 주차장과 사무실 입구가 바로 연결돼 있어 자동차를 오피스 바로 앞에 주차할 수 있다. 그래서 건물 외부에서 대형 마트처럼 자동차가 올라가는 지그재그 모양의 통로를 볼 수 있다. 드라이브 인이 있는 지식산업센터 건물의 층수는 보통 4층이다. 많으면 6층까지 지상 주차장을 만들고, 주차장을 중심으로 오피스를 배치한다.

서울 중심지에서는 물류보다 일반 사무실의 수요가 압도적이라 드라이브 인을 찾아볼 수 없지만 경기도에서는 드라이브 인도 충분히 매력적인 투자처다. 특히 물류를 빈번하게 옮기는 업종의 사업체라면 드라이브 인이 안성맞춤이다. 물류 이동에 용이하도록 천장 층고가 일반 오피스의 1.5배 정도 높기 때문이다. 실제로 보면 시원한 개방감이 느껴진다. 천장이 높으니 복층으로 인테리어해서 공간을 활용하는 회사도 있다. 상품성이 좋아서 임대 경쟁에 유리하다.

물론 드라이브 인에도 주의할 점이 있다. 반드시 '도어 투 도어Door to door'를 가진 구조여야 한다는 것이다. 도어 투 도어란 '사무실 문에서 자동차 문으로'라는 의미다. 드라이브 인이 있는 층이더라도 도어 투 도어가 되는 오피스와 일반 오피스가 혼재하는데, 도어 투 도어가 아닌 드라이브 인에는 투자하기 애매하다. 일반 오피스를 찾는 수요는 물류 기반의 드라이브 인이 있는 낮은 층을 선호하지 않고, 드라이브 인을 선호하는 물류 업종은 도어 투 도어가 아닌 오피스를 찾지 않기 때문이다. 드라이브 인을 투자할 때는 반드시 해당 호실이 도어 투 도어인지 체크해 보자.

다음은 드라이브 인 오피스가 있는 지식산업센터 건물의 외관과 도어 투 도어, 드라이브 인의 높은 층고를 활용해 개조한 복층 오피스의 모습이다.

드라이브 인 외부 전경 　　　 도어 투 도어 　　　 개조한 복층 오피스

그렇다면 일반 오피스와 드라이브 인 오피스 중에서는 어떤 것을 선택해야 할까? 드라이브 인은 일반 오피스보다 분양가가 비싸고, 호실 개수도 일반 오피스보다 훨씬 적다. 희소성 측면에서는 드라이브 인도 매력적이지만 꼭 드라이브 인의 임대가 먼저 나가지 않는다. 임대는 복불복에 가깝지만 지식산업센터가 차량 교통이 유리한 IC 근처거나 전철로 오가기 애매한 곳이라면 충분히 고려해 볼 가치가 있다.

코너 호실 vs 일반 호실, 고층 vs 저층, 직장인의 관점에서 골라라

먼저 코너 호실과 일반 호실 중 어느 쪽을 골라야 하는지 살펴보자. 실사용자든 투자자든 일반 오피스 중에는 코너 호실을 가장 선호한다. 서비스 면적 때문이다. 호실이 같은 공급 면적이라 해도 코

너 호실에는 베란다가 있기에 확장을 하면 다른 호실보다 면적이 커진다. 그래서 코너 호실은 일반 호실 대비 매매가와 월세가 높다. 실사용자는 코너 호실을 제외하고는 엘리베이터에서 가까운 사무실을 선호한다. 보통 화장실도 엘리베이터 근처에 있기 때문이다. 편의성 때문에 선호도가 높다. 그럼 일반적으로 가장 마지막에 거래되는 호실은 어디일까? 코너 호실 바로 옆의 호실이다. 코너 호실을 제외하면 엘리베이터에서 가장 멀기 때문이다. 아래 평면도를 보면 쉽게 이해할 수 있을 것이다.

과천 상상자이타워 평면도

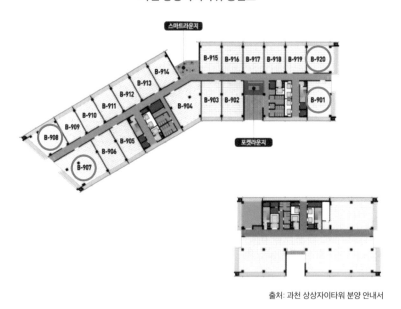

출처: 과천 상상자이타워 분양 안내서

다음으로 고층과 저층 중에서는 무엇을 선택해야 할까? 지식산업센터도 분양가는 아파트처럼 고층일수록 비싸다. 하지만 기축 지식산업센터는 반드시 그렇지도 않다. 고층에서 내려다보는 풍경이 좋긴 하지만 지식산업센터에서는 아파트와 달리 전망 프리미엄이 중요하지 않기 때문이다.

우리가 직원이라고 생각해 보자. 최대한 빨리 점심을 먹어야 하고 퇴근해야 하는데 한가롭게 전망을 볼 여유가 있을까? 그래서 직원들은 보통 5층에서 10층 사이 정도를 선호한다. 엘리베이터를 기다리는 시간도 짧고 계단 이용도 가능하기 때문이다. 단 분양가는 아래층일수록 분양가는 저렴하고 고층일수록 분양가가 올라간다.

드라이브 인은 어떨까? 같은 논리가 적용된다. 대형 마트 주차장을 생각해 보자. 사람들은 2층부터 주차할 곳을 찾기 시작한다. 처음부터 옥상으로 가지 않는다. 드라이브 인은 저층 수요가 크고 매매가도 비싸다.

오피스에도 국민 평수가 있다

오피스 면적을 계산할 때 투자자들이 알아 두면 유용한 개념이 있다. 바로 전용 면적과 공급 면적, 공용 면적, 공급률이다. 전용 면적이란 지식산업센터 호실에 문을 열었을 때 볼 수 있는 공간, 즉 내가 실사용할 수 있는 평수를 말한다. 다음으로 공급 면적은 전용 면적과 공용 면적을 합한 크기다. 복도, 주차장, 휴식 공간, 미팅 룸 등 함께 사용하는 공간이다. 참고로 지식산업센터의 전용 면적은 주거용 부동산과 측정 기준이 달라 아파트 대비 상당히 좁은 편이다. 마지막으로 전용률이란 공급 면적에서 전용 면적이 차지하는 비율이다. 지식산업센터마다 다르지만 대략 50% 수준이고 공급 면적이 같더라도 전용률이 클수록 사용 가능한 오피스 면적이 크다는 뜻이다.

실제 지식산업센터 임장을 가 보면 평수는 10평에서 100평까지 다양하다. 지식산업센터의 호실을 나누는 벽은 가벽이라 이를 이용한 확장과 분할이 가능하고, 호실을 합쳐서 여러 평수로 만들 수도 있다. 입주한 회사들은 잘게 쪼개 놓은 호실을 두 개 혹은 세 개를 합해서 원하는 크기만큼 확장해서 사용한다. 한 개 층을 모두 사용하는 기업도 있다.

그럼 우리는 몇 평짜리 오피스에 투자해야 할까? 지식산업센터에도 국평, 즉 선호하는 국민 평수가 있는데 바로 25평에서 35평 정도다. 10명 안팎의 직원을 둔 회사들이 쓰기에 적당한 면적이다. 이 평수의 수요가 높은 또 다른 이유는 비교적 인테리어하기 쉬운 면적이기 때문이다. 앞의 평면도에서 알 수 있듯이 25평 이상 오피스들은 정사각형에 가까운 모양이며 평수가 작아질수록 직사각형에 가깝다. 12평은 25평을 반으로 쪼갠 평수다. 25평 오피스의 경우 보통 임원실, 회의실, 탕비실로 공간을 나누는데, 25평이 공간을 나누기가 쉬워 인테리어 업체도 선호한다.

이전의 아파트형 공장에는 주로 제조 업종이 입주했기에 제조 설비가 들어갈 만큼 면적이 넓어야 했다. 그래서 2000년대 초반에 지어진 수원시 영통구의 지식산업센터 임장을 가 보면 대부분 50평 이상의 큰 전용 면적을 자랑한다. 하지만 최근에는 10평 수준의 작은 평수로 잘게 쪼갠 오피스가 트렌드다. 별도의 공간을 나누는 인테리어나 장비가 필요하지 않은, 간편하게 일하는 회사가 입주하기 때문이다. 예를 들면 유튜브나 이 커머스에 종사하는 1인 기업체다.

달리 말하면 전용 면적이 점점 줄어드는 추세라는 뜻이다. 대세를 따라 유튜브 촬영 스튜디오와 온라인 스토어를 위한 포토 스튜디오 등 이 커머스에 특화된 업무 편의 시설을 늘어나고 있다. 실제로 최근 경기도 과천 정보 지식 타운에 짓는 지식산업센터의 전용 면적은 45% 수준이다. 공급 면적이 100평이라고 할 때 실제 사용할 수 있는 면적은 45평이라는 이야기다. 소형 평수 호실이 저렴할 수는 있지만 임차인이 들어오고 나가는 일이 자주 발생해서 번거로울 가능성이 크다는 점을 기억하자.

오피스 중에서 특히 주의해야 할 매물이 있다. 가끔 가벽을 튼 확장 호실에서 하나의 호실만이 매물로 나온다. 그런 호실의 매매가는 시세보다 제법 저렴해서 욕심이 생길 수도 있다. 하지만 결론적으로는 추천하지 않는다. 저렴한 데는 다 이유가 있다. 어차피 임대가 맞춰져 있고 월세도 나오니 크게 문제가 없을 것 같지만 그렇지 않다. 대출에 문제가 생긴다. 가벽을 허문 상태라면 그 확장 호실 전체를 하나의 사무실로 보기 때문이다. 한 호실에 두 명의 임대인이 있는 셈이라 대출 승인이 안 날 수도 있고 대출 연장에 문제가 생길 수도 있으니 이런 호실은 애초에 생각하지 말자. 하지만 확장 호실 전체를 한 명이 매수하면 문제되지 않는다.

요약해 보면 업무 지원 시설은 문정을 제외하고는 고려하지 않는다. 드라이브 인은 도어 투 도어가 아닌 오피스는 제외하고 낮은 층일수록 상품성이 좋다. 일반 오피스는 코너 호실이 가장 상품성이 좋고 그다음은 엘리베이터와 가까운 순이다. 층수는 엘리베이터를 기다리지 않는 적당한 높이 5층에서 10층 정도가 적당하다. 평수는 가장 수요가 많은 25평에서 35평을 선택하고 그중에서는 작은 평수보다 큰 평수가 더 유리하다. 가벽을 허문 호실 중 일부 호실만의 매수는 고려하지 말자.

대출 없이는
수익도 없다

오피스 종류까지 결정한 투자자는 지식산업센터 투자 과정에서 가장 중요한 단계에 이른다. 바로 부족한 투자금을 마련하기 위한 대출의 단계다. 아파트 투자를 해 본 투자자는 대출의 필요성을 이미 알 것이다. 물론 지금은 부동산 투자가 보편화돼서 초보라도 대출의 중요성을 아는 사람이 많다. 그런데 여전히 대출 없이 부동산을 매매해야 한다고 말하는 이들이 있다. 과연 대출 없이 현금으로만 부동산을 매매하는 것이 이득일까? 큰 수익을 얻으려면 애초에 큰 투자금을 들여야 한다. 예를 들어 보겠다.

A와 B라는 투자자가 있다. A는 현금 1억 원으로 1억 원짜리 아파

트를 샀고, 얼마 후 그 아파트의 가격은 2억 원이 되었다. 한편 B는 1억 원의 현금에 주택 담보 대출을 5억 원을 받아 6억 원짜리 아파트를 샀고 그 아파트의 가격은 1.5배가 올랐다. 결론적으로 A는 1억 원을 벌었고, B는 3억 원에서 그동안의 1,000만~2,000만 원의 대출 이자를 제외한 만큼 벌었다. 이처럼 동일한 현금 1억 원일지라도 투자 규모에 따라 내 손에 쥐는 금액이 달라진다. 수익률도 중요하지만 투자 규모가 클수록 더 많은 돈을 벌 수 있다. 이는 계산기를 두들겨 보면 금방 알 수 있는 사실이다.

대출의 두려움을 줄이는 세 가지 관점

보통 대출이라고 하면 신용 대출, 주택 담보 대출, 자동차 리스를 떠올린다. 즉 빚을 낸다고 생각하는 경우가 많아 거부감을 느끼는 사람이 많다. 만약 대출이 부담스럽다면 대출에 대해 세 가지 관점을 갖자.

첫째는 바로 지금 당신이 받으려는 대출은 빚이 아닌 레버리지라는 것이다. 레버리지leverage를 번역하면 '지렛대의 힘'이다. 지렛대는 작은 힘으로 큰 물체를 들어 올릴 수 있는데 투자에서 적은 돈으로 큰 수익을 내는 것을 의미한다. 그럼 적은 돈으로 어떻게 큰 수익을 낼 수 있을까? 보통 투자자가 말하는 레버리지는 대출을 이용해서 투자 규모를 키우는 것을 말한다. 부모님 세대도 이런 말을 자주

한다. '빚은 절대 안 된다, 보증도 안 된다.' 그렇다. 빚은 절대 만들면 안 되는 게 맞다. 하지만 레버리지인 대출은 빚이 아니다. 헷갈린다. 빚과 대출의 차이는 무엇일까?

먼저 빚의 사전적 의미는 남에게 갚아야 할 돈, 꾸어 쓴 돈이나 외상값 따위를 말한다. 대출은 돈이나 물건 따위를 빌려주거나 빌리는 행위다. 빚은 일단 어감이 좋지 않다. 빚쟁이에게 쫓길 것 같은 부정적인 느낌이다. 내가 생각하는 빚의 연관어는 소비다. 예를 들어 자동차를 사기 위해 리스를 하거나 해외여행을 위해, 명품을 사기 위해, 생활비가 없어서 등의 경우, 즉 과거나 현재의 소비로 인해 돈이 부족해서 대출을 받는다면 빚이다. 빚을 갚으면 어떻게 될까? 자산이 마이너스가 아닌 '0'이 되고 이제부터 돈을 모을 수 있는 환경이 된다. 소비를 위한 대출에는 누구도 레버리지라는 말을 쓰지 않는다. 그냥 빚이다.

반면 대출은 빚처럼 마이너스로 보여도 이자보다 더 크게 돈이 불고 있으니 '0'이 아니라 플러스다. 은행이나 사람에게서 돈을 빌려서 다른 곳에 사용한다는 행위는 빚과 비슷하지만 레버리지 대출은 소비가 아니라 생산과 연관된다. 즉 우상향할 수 있는 자산의 수익률을 최대화할 수 있는 레버리지가 대출이다.

둘째는 대출의 책임이 나에게 있지 않다고 여기는 것이다. 예를 들어 아파트를 구입하기 위해 아파트 담보 대출을 받는다고 하면 실제 대출의 책임은 아파트에 있고 우리는 대출을 실행만 할 뿐이라고 생각하자. 담보 대출이 왜 담보 대출이겠는가? 개인이 아파트를 대신해서 실행했을 뿐이라는 뜻이다. 혹여 대출에 문제가 생긴다면 아파트를 매도해 해결하면 된다. 실행만 했을 뿐 실제 대출의 주인은 아파트이기 때문이다. 그럼 대출액 크기에 대한 불안감이 다소 사라질 것이다. 물론 그래도 조보 투자자들에게 대출의 산은 높다. 대출을 결심해도 대출 규제는 부동산 흐름이 변화할 때마다 바뀐다. 정부가 규제하는 영역이기 때문이다. 따라서 부동산 투자를 하려면 대출도 공부해야 한다.

셋째, 대출을 받을 때 리스크가 큰 쪽은 은행이라는 것을 상기하자. 간단한 예시를 들어 보겠다. 어느 날 친한 친구가 당신에게 1,000만 원을 빌려 달라는 부탁을 했다. 너무나 친한 친구라 사정이 딱해서 그냥 빌려줬다고 치자. 이 상황에서 친구와 나 중에 누가 더 불안할까? 정답은 '나'다. 돈을 빌려준 사람이 그 돈을 돌려받지 못할까 봐 더 불안해한다.

이를 그대로 은행과 우리 관계를 대입해 보자. 은행이 나에게 돈을 빌려주면 사실 더 불안한 쪽은 은행이다. 그래서 은행은 이것저것 서류도 많이 달라고 하고 신용도 조회하면서 리스크를 줄인다. 반대로 빌리는 입장에서는 대출 실행이 됐다면 은행이 안전하다고 인정한 사람이다. 대출도 능력이라고들 말한다. 만약 당신이 대출을 받았다면 당신은 오히려 신용도가 높고 은행이 신뢰하는 안전한 투자자라는 뜻이다.

최적의 대출 한도와
대출 금리를 찾아라

대출을 받기로 마음먹었다면 이제 실전이다. 우선 은행 지점장들에게 전화해 좋은 대출 조건을 찾자. 부동산 투자 과정의 꽃은 매도이고, 지식산업센터 매수 과정의 꽃은 대출이다. 그만큼 대출 조건, 즉 한도와 금리가 중요하다. 지식산업센터의 시설 자금 대출은 지식산업센터를 담보로, 아파트 주택 담보 대출은 아파트를 담보로 하는 방식으로 똑같다. 오히려 시설 자금 대출이 주택 담보 대출보다 조건이 좋다. 은행은 매출이 있는 사업자를 개인보다 더 좋아하는 것 같다.

대출 한도는 실사용 목적인지 임대 목적인지에 따라 달라진다. 먼저 실사용 목적일 때의 한도부터 알아보자. 매수하려는 지식산업센터가 주인이 실사용 중이거나 임내 기간이 끝나서 세입자가 나가는 경우 실사용 목적으로 대출을 받을 수 있다. 공실이어야만 매수자가 실사용할 수 있기 때문이다.

실사용에 대해서는 80% 이상의 높은 대출 한도를 적용한다. 지역 경제를 살리고 중소 기업을 활성화하려는 정부가 해당 지역에서 사업장을 운영하려는 사업체에 대출 지원 혜택을 주기 때문이다. 매출이 없는 신생 사업체라고 하더라도 창업을 권장하는 정부 지원으로 높은 대출 한도가 적용된다. 여기서 담보 가치가 높다면 은행은 90% 이상 공격적으로 대출을 해 주기도 한다. 실사용으로 매수한 후 임대로 변경해도 된다. 지식산업센터 투자자가 일반적으로 사용하는 방법이다.

지식산업센터를 임대 사업 용도로 매수하는 경우에는 은행이 임대료, 즉 월세를 기준으로 대출 한도와 금리를 결정한다. 이때 사용하는 지표가 RTIRent To Interest다. 임대 사업은 사업 매출이 임대료임을 선언하는 것이기에 매출이 투명하다. RTI는 연 임대료를 연 이자비용으로 나눈 값이다. 예를 들어 1년 월세가 100만 원, 대출 이자비용이 100만 원이라고 하면 RTI는 1이다. RTI가 1보다 크면 월세가 이자 비용보다 크므로 임대 수익이 발생하고, 1보다 작은 경우에는 이자 비용이 더 커서 은행이 사업체가 대출을 감당할 수 있는 능력이 부족하다고 판단한다.

일반적으로 은행은 RTI 1.5를 적용해 임대료가 대출 이자보다 1.5배가 되는 만큼의 금액을 대출해 준다. 특히 요즘처럼 임대료가 매매가 상승 속도를 따라오지 못하는 시점에서는 지식산업센터 담보 가치가 높아도 RTI가 낮아 대출 한도에서 불리하다. 더구나 이미 임차인이 입주한 지식산업센터의 경우에는 낮은 RTI가 적용되어 대출 한도가 40%에서 50% 수준이 나올 수도 있다. 투자금이 많이 들어가고 수익률이 내려간다는 뜻이다. 즉 대출 한도 조건을 유리하게 만들려면 공실이 될 수 있는 지식산업센터를 찾아 발품을 해야 한다.

다음은 대출 금리다. 금리가 낮을 때는 최대한 낮은 금리를 찾는 것이 보통이지만, 금리가 높을 때는 투자자가 월세 수익을 목적으로 할지, 시세 차익을 목적으로 할지에 따라 개인이 감당할 수 있는 최고 금리 수준을 정하고, 이에 따라 전화품을 해야 한다. 금리가 높을 때는 실사용으로 80% 이상 대출을 받으면 역레버리지, 즉 월세 수입보다 대출 이자가 높은 상황이 발생하기 때문이다. 쉽게 말해 금리가 높은 상황에서 월세 수익을 목적으로 한다면 손실을 볼 수도 있다는 뜻이다.

금리는 늘 변한다. 내리기도 하지만 오르기도 한다. 금리는 왜 오를까? 여러 이유가 있지만 가장 큰 이유는 금리 변동의 칼자루를 은행의 은행인 중앙은행이 쥐고 있기 때문이다. 한국의 중앙은행은 한국은행이고 미국의 중앙은행은 연방준비위원회다. 중앙은행은 뜨뜻미지근한 경제 상태를 좋아한다. 경제가 과열되어 물가가 급상승하는 것도, 일본의 잃어버린 수십 년 같은 경기 침체도 반가워하지 않는다. 고용도 괜찮고 기업 실적도 괜찮은 상태이면 물가 상승률이 대략 2% 수준이다.

만약 뜨뜻미지근한 상태가 아니라면 중앙은행은 칼자루에서 칼을 슬며시 꺼내 든다. 최근에는 경기 침체를 더 무서워해서 조금만 경기 침체의 냄새만 맡아도 금리를 낮추고 돈을 시중에 풀면서 경기를 부양하는 추세다. 그렇게 돈을 풀다가 경기가 과열되면 빅 스텝(중앙은행이 물가 조정을 위해 기준 금리를 0.5%포인트 인상하는 일)이니 자이언트 스텝(중앙은행이 물가 조정을 위해 기준 금리를 0.75%포인트 인상하는 일)이니 하면서 금리를 높여 돈을 빨아들인다. 즉 우리가 컨트롤할 수 없는 영역이기에 금리가 오른다면 자신의 상황에 맞는 최선의 판단을 해야 한다.

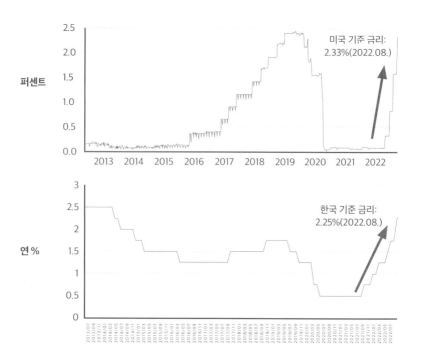

미국 기준 금리와 한국 기준 금리 비교

그래프를 보면 알겠지만 최근에는 금리가 오르고 있다. 솔직히 이야기하자면 최근 몇 년간의 금리는 너무 낮았고 현재가 정상 수준이다. 이런 상황에서는 어떤 조건을 찾아야 할까?

만약 지식산업센터를 시세 차익형으로 생각하는 투자자라면 높은 금리, 역레버리지도 고려해 볼 만하다. 수요가 높은 입지에 지어질 지식산업센터의 분양가에 해답이 있기 때문이다. 시행사 기획 팀이 심사숙고해서 시장 조사를 한 결과가 분양가다. 물론 일정 부분 시행사의 이익이 포함돼 있지만 고객이 납득할 만한 분양가를 제시할 것이다. 최근 분양가가 급하게 올라가고 있고 심지어 상승장에서 분양가를 더 올리기 위해 시행사가 의도적으로 분양 일정을 늦추기도 한다. 이렇게 결정되는 분양가는 주변 시세보다 높다.

월세 수익을 노리는 사람들도 금리가 계속해서 오른다면 관점을 바꿔 생각할 수 있다. 금리가 오르면 월세도 같이 오른다. 〈상가 임대차 보호법〉으로 기존 임차인에 대해서는 매년 올릴 수 있는 월세가 최대 5%지만 새로운 임차인을 구할 때는 높은 월세를 요구할 수 있다. 현재 지식산업센터 월세 분포도를 보면 '두 개의 봉우리가 있는 산'의 형태다. 새롭게 임차를 맞추는 호실은 월세가 비싸고, 그렇지 않은 호실은 낮다. 마치 전월세 상한제를 적용한 아파트 전세가와 비슷하다. 즉 현금 흐름을 택한다면 역레버리지를 추천하지 않지만 시세 차익을 고려한다면 괜찮다. 당신은 현금 흐름을 택할 것인가? 시세 차익을 택할 것인가? 투자자들은 선택의 자유가 있다.

받아도 되는 대출, 피해야 하는 대출

대출 한도와 대출 금리에 따라 투자금이 달라진다는 것은 알았다. 그럼 대출 조건이 좋은 은행 정보는 어디에서 얻을 수 있을까? 방법은 세 가지다.

첫째, 부동산 중개소 소장님에게 요청해 보자. 소장님도 대출 조건의 중요성을 익히 알고 있다. 투자자가 기본으로 80% 이상의 대출을 원하는 것을 알고 있고, 대출 한도에 따라 매매 성사 여부도 결정되기 때문에 소장님 장부에는 은행 전화번호가 빼곡히 적혀 있다. 조건이 좋은 은행 지점장 명함도 소장님의 소중한 재산이다. 소장님들은 은행 지점장들에게 연락해 수시로 대출 조건을 파악하고 업데이트를 하기에 적중률 높은 믿을 만한 정보를 갖고 있다.

둘째, 지식산업센터 투자 커뮤니티가 있으면 질문해 보자. 매수하려고 하는 지식산업센터 투자자 단체 메신저 방 혹은 유료 강의 플랫폼의 투자 동료의 정보를 활용하자.

셋째는 발품이다. 시간이 걸리기는 해도 가장 효과적인 방법이다. 네이버 지도를 펼친 다음 해당 지식산업센터 주위 은행을 조회해 모든 곳에 전화를 해 보자. 뭐니 뭐니 해도 전수 조사가 최고다. 통화 건수와 좋은 대출 조건을 찾을 확률은 비례하기 마련이다.

가끔 보험 회사, 캐피탈, 저축 은행 등 그리 우수하지 않은 3금융권 대출을 받아도 되는지 물어보는 사람들이 있다. 이때도 돈을 빌려준 사람과 빌린 사람의 불안함을 다시 한 번 생각해 보기 바란다. 3금융권은 1, 2금융권에서 대출이 불가한 사람에게 고금리로 대출을 해 준다. 리스크를 금리로 환산한 것이다. 1, 2금융권 대출이 불가한 고객에게 고금리로 억지로 빌려준 은행도, 고금리의 부담감을 안아야 하는 자도 모두 불안할 것이다. 주식을 발행해서 투자자의 돈을 가져다 쓴다. 우리도 기업처럼 행동하자. 우리는 개인으로부터 투자를 받을 수 없기에 최소한 은행을 이용해야 한다.

　하지만 은행에서도 '영끌'해서 대출을 받는 것은 조심해야 한다. 영끌이란 '영혼까지 끌어모으다'의 준말로, 부동산 투자에서는 자신이 모을 수 있는 돈을 한계까지 최대한 끌어모아 투자하는 행위를 이르는 말이다. 예를 들면 신용 카드 사용 금액의 10% 이상을 이자로 내야 하는 고금리 대출까지 받아서 투자금을 마련하는 경우다. 이제 일상적으로 쓰는 용어지만 개인적으로 '영끌'이란 단어를 좋아하지 않는다. 투자 실패 후의 대책이 없기 때문이다. 한 방에 승부를 보는 느낌도 든다. 이런 관점에서 투자자가 3금융권의 고금리 대출까지 진행하는 것도 '영끌'에 속한다.

　투자든 사업이든 어떤 일을 시작할 때 항상 대책이 있어야 한다. 요즘같이 금리가 지속적으로 오르는 시기에는 금리 인상에 대한 대책도 마련해야 할 것이다. 신상의 변화, 예를 들어 퇴사를 하거나 사업의 매출이 줄거나 했을 때 일부 상환 계획도 세워야 한다. 돈을 빌려 준 은행이 불안해하기 때문이다. '영끌'로 부동산 투자를 한다는 것은 아직 투자 준비가 안 된 상태라고 생각한다.

　다음으로 신용 대출을 받아도 될지 묻는 사람들도 있다. 은행의 수익 구조를 생각해 보자. 은행은 공공 기업이 아닌 최대 이윤을 추구하는 민간 기업이다. 민간 은행의 수익 구조는 대출 금리와 예금 금리의 차, 즉 예대 마진이다. 만약 1,000만 원의 예금 금리가 2%이면 1,000만 원을 타인에게 금리 5%로 대출해 주고 은행은 3% 수익을 얻는 구조다. 은행은 최대한 대출을 해 줘야 이윤이 생기는 기업이다. 리스크를 최소화해서 자체 심사 기준에 부합된 투자자들에게만 돈을 빌려주려고 한다. 하지만 최근 부동산 규제로 대출을 해 주려고 해도 그러질 못하니 은행의 이윤이 강제로 줄어들었다. 그래서 크게 신용 등급이 문제되지 않고, 연체도 없는 기존 대출자에게는 깐깐한 잣대를 취하지 않고 있다.

내 경우를 예로 들어 보겠다. 퇴사 이전에 신용 대출을 받았고 만기가 도래했다. 은행이 달갑지 않게 보는 '퇴사'라는 신상 변화가 있었기에 은행이 불안해할 것을 알았다. 그래서 혹시나 있을지도 모르는 일부 상환을 대비해 대출 금액의 20%를 퇴직금에서 확보했다. 하지만 대출 금액 그대로 연장이 됐다. 기준 금리가 오르고 있는 상황이라 금리 인상은 피할 수 없었지만 조금 의아했다. 지금은 대출 규제가 상당히 강한 상황인데 은행이 그냥 연장해 준 것이다.

이렇듯 은행은 아직 우리 편이다. 어떤 상황이든 은행을 멀리해서는 안 되고 가까이에 둬야 한다. 아직도 대출보다 적금만 하는 사람이 대부분인데, 은행에서 VIP가 되려면 적금이 아닌 대출을 해야 한다. 은행의 수익 구조에서 대출자의 역할이 크기 때문이다.

은행은 담보를 좋아한다. 신용 대출은 개인에게 해 주지만 아이러니하게 개인을 신뢰하지 않는다. 개인이 속한 단체를 좋아할 뿐이다. 직장인이라면 은행이 직장을 얼마나 신뢰하는지 알고 있어야 한다. 신뢰가 바로 신용 대출의 한도다. 요즘은 '핀다' 같은 비대면 온라인 대출 앱을 사용하면 손쉽게 알 수 있다. 또한 신용 대출은 개인한테 적용되는 대출이므로 맞벌이면 두 개의 대출을 받을 수 있어 유리하다. 나는 은행이 내 뒤에 있는 삼성전자를 좋아하고 있을 때 1금융권에서 신용 대출 1억 5,000만 원을 받고 퇴사했다. 물론 퇴직금이 있었기에 영끌은 아니었다.

설명이 길었지만 월급에서 50% 미만으로 대출 이자를 감당할 수 있는 형편이 되면 일단 신용 대출을 진행해 보는 것도 좋다. 예를 들어 통장 안에 신용 대출로 1억 원의 돈이 고스란히 들어 있고, 아무것도 하지 않으면 매달 나가는 대출 이자에 대해 억울한 마음이 들 것이다. 어떡하든 그 돈을 굴리려고 애쓸 수밖에 없다. 환경을 조성해서 강제 투자를 하는 것이다. 만약 한두 달 그렇게 이자를 내다가 도저히 이 금액을 어떻게 사용할지 모르면 그냥 갚아 버리면 된다. 리스크는 한두 달의 이자, 그 정도다.

직장인을 고뇌에 빠뜨리는 사업자 등록

대출을 받아 투자금까지 마련했다면 이제 계약을 진행할 차례다. 계약일에는 사업자 등록도 같이 진행하는데, 사업자 등록은 지식산업센터 투자 과정에서 투자자들이 대출 다음으로 많은 고민을 하는 단계다. 왜일까?

직장의 친한 동료들에게 지식산업센터 투자를 추천한 적이 있다. 70% 정도가 "지식산업센터가 뭐야?"라는 질문을 하면서 자리로 돌아간다. 잘 모르는 것은 어렵다고 생각하기 때문이다. 나머지 30% 동료가 관심을 보인다. 억대 대출이 필요하다고 하면 그중 10% 정도가 돌아간다. 금리가 오르고 있고, 그냥 대출을 싫어하기 때문이다. 이제 20%가 남았다. 여기서 사업자 등록이 필요하다고 이야기하면 10%가 돌아간다.

지식산업센터는 개인 사업자와 법인 사업자 두 가지 방법으로 매수할 수 있다. 앞에서 잠깐 설명했지만 직장인 투자자라면 네 가지 선택지 중에서 고민할 것이다. 내 명의로 개인 혹은 법인 사업자 등록을 할지, 직장이 없는 배우자 명의로 개인 혹은 법인 사업자 등록을 할지다. 내 명의로 등록을 하자니 겸업 문제가 걸리고, 배우자 명의로 등록을 하자니 건강 보험료 문제가 걸린다. 달리 말하면 사업자 등록 과정은 지식산업센터 투자자가 겪는 마지막 허들이다.

법인 사업자로 등록할까, 개인 사업자로 등록할까?

결론부터 이야기하면 법인 사업자가 유리하다. 법인 사업자가 세금 혜택을 더 많이 받기 때문이다. 앞에서 지식산업센터를 소유한 사업자가 내야 하는 세금의 종류가 취득세, 양도세, 보유세, 종합 부동산세라고 했는데, 그중에서도 양도세 차이가 많이 난다.

양도세는 시세 차익이 커질수록 비례해서 늘어나기 때문에 개인 사업자라면 매도할 때 법인 투자를 하지 않는 자신을 책망할지 모른다. 개인 사업자보다 법인 사업자가 좋다고 체감하는 가장 큰 이유다. 법인은 양도세율이 법인세율로 적용된다. 다음 표처럼 동일한 양도 차익이 발생해도 개인 사업자보다 법인 사업자가 유리하다.

개인 사업자와 법인 사업자의 양도세

보유 기간 4년	개인 사업자	법인 사업자	비고
매도 (양도가액)	12억 원	12억 원	
매수 (취득가액)	10억 원	10억 원	
필요 경비	6,000만 원	6,000만 원	취득세, 중개료 등
양도 차익	1억 4,000만 원	1억 4,000만 원	
장기 보유 특별 공제	1,120만 원 (1억 4,000만 원 x8%)	-	법인 해당 사항 없음
기본 공제	250만 원	-	법인 해당 사항 없음
과세 표준	1억 2,600만 원	1억 4,000만 원	
세율	35%	10%	
누진 공제	1,490만 원	-	
양도세	2,920만 원	1,400만 원	

    법인을 유지하기 위한 비용으로 당장은 부담돼도 마지막에는 웃을 수 있다. 추가로 법인은 지식산업센터를 매수하고 2년 미만 기간 내에 매도할 때 개인과 같이 40%에서 50%의 단일 세율이 적용되지 않고 법인세율이 적용된다. 그래서 법인이 단기 투자에서 개인 사업자보다 유리하다.

    다만 장기 보유할 경우에는 개인 사업자가 장기 보유 특별 공제가 적용되기 때문에 이득일 수 있다. 장기 보유 특별 공제란 말 그대로 장기 보유하면 양도 차익을 일부 감면해 주는 것이다. 장기 보유하면 매매가가 수요로 오르는 경우도 있지만 물가 상승으로 오르기도 한다.

예를 들어 10년을 갖고 있었는데 매매가가 20% 상승했다고 가정 해 보자. 여기서 물가 상승률이 20%면 결국 실질적인 상승률은 0% 이다. 그런데 매매가는 20%가 올라 20% 양도 차익에 해당하는 양도 세를 내야 하기에 억울하다. 그래서 장기 보유를 하면 물가 상승률 에 해당하는 부분은 감면해 주겠다는 취지를 담은 제도가 바로 장기 보유 특별 공제다. 15년 이상의 보유 계획이 있다면 최대 30%에 해 당하는 양도 차익을 감면해 주는 개인 사업자도 고려해 볼 만하다. 하지만 단기, 중기로 보유해서 수익 실현 계획 중이라면 법인이 유 리하다.

법인 사업자로 등록하기로 마음먹었다면 취득세도 꼭 살펴봐 야 한다. 취득세는 법인 사업자와 개인 사업자의 차이가 없다. 일 단 4.6%라고 생각하자. 그런데 법인 사업자라면 신규 법인을 어디 에 설립하느냐에 따라 지식산업센터 매입에 따른 취득세 중과가 발 생한다. '취득세 중과라니? 방금 전에 4.6%로 동일하다고 하지 않았 나?'라는 의문이 들 것이다. 개인 사업자는 취득세 중과가 없지만 법 인 사업자는 취득세가 중과되는 경우가 있다.

1인 법인이라고 해도 법인은 엄연한 기업이다. 서울에 기업을 설 립한다는 것은 직원을 뽑을 가능성이 있고, 서울로 인구를 유입할 수 있다는 뜻이다. 그렇지 않아도 인구 과밀 지역인 서울에 사람이 더 늘어나는 효과가 생긴다. 그래서 서울에 신규 법인을 만들고 서울 지식산업센터를 매수하면 취득세가 9.2%, 즉 두 배가 중과된다.

그렇지만 이 문제는 간단하게 해결할 수 있다. 사는 곳이 서울이더라도 출퇴근할 수 있는, 서울과 가깝지만 중과를 피할 수 있는 지역에 법인을 설립하면 된다. 어려운 용어로 '과밀 억제 권역'을 피해서 신규 법인을 설립하자. 과밀 억제 권역이란 말 그대로 인구와 산업이 지나치게 몰렸거나 몰릴 우려가 있어 이전하거나 정비할 필요가 있는 지역을 말한다.

옆의 지도를 보면 알겠지만 1~16까지의 지역을 제외한 김포, 안산, 용인, 화성, 오산, 안성 등의 성장 관리 권역에 설립하면 된다. 성장 관리 권역이란 과밀 억제 권역에서 이전하는 인구와 산업을 유치해 도시 개발을 관리할 필요가 있는 지역이다. 물론 이렇게 신규 법인을 만들어도 지식산업센터를 매수할 때 한 번 더 생각해야 한다. 수도권 과밀 억제권 밖에 법인을 만들었더라도 수도권 지식산업센터를 매수하고 실사용을 하면 인구 유입 가능성이 있어 취득세가 중과되기 때문이다. 이때 임대를 한다면 수도권 내 기존 인력을 채용한다는 논리로 취득세 중과를 피할 수 있다.

요약하면 신규 법인을 설립할 때 수도권 과밀 억제 권역 밖에서 만들고, 수도권 지식산업센터를 매수할 때는 임대 용도로 취득하자. 지식산업센터 잔금을 치루기 전에 법무사가 용도에 대해서 물어 보니 그때 임대라고 이야기하면 된다.

수도권 과밀 억제 권역

수도권 권역 현황
○ 성장 관리 권역
○ 자연 보전 권역
○ 과밀 억제 권역

성장 관리 권역

연천군

포천군

파주시

동두천

가평군

양주군

김포시

의정부시

남양주시

고양시

구리시

서울특별시

인천시　과밀 억제 권역

부천시

하남시

양평군

자연 보전 권역

광명시

과천시

시흥시　안양시　성남시

광주시

안산시

군포시　의왕시

여주군

수원시

이천시

용인시

화성시　오산시

성장 관리 권역

평택시　안성시

1. 서울특별시
2. 인천광역시(남동 국가 산업
   단지 제외): 강화군, 옹진군,
   서구 대곡동·불로동·마전
   동·금곡동·오류동·왕길동·
   당하동·원당동, 인천 경제
   자유 구역(경제 자유 구역에
   서 해제된 지역 포함)
3. 의정부시
4. 구리시
5. 남양주시: 호평동, 평내동,
   금곡동, 일패동, 이패동, 삼패
   동, 가운동, 수석동, 지금동
   및 도농동
6. 하남시
7. 고양시
8. 수원시
9. 성남시
10. 안양시
11. 부천시
12. 광명시
13. 과천시
14. 의왕시
15. 군포시
16. 시흥시(반월 특수 지역 제외)

개인 사업자로
등록하는 이유

법인으로 아파트 투자를 한 경험이 있다면 해당 법인을 이용하면 된다. 하지만 초보 투자자라면 그렇지 않을 가능성이 크고, 보통 두 가지 이유로 법인 사업자 등록을 고민한다.

첫째는 규모가 있는 회사라면 대부분 겸업을 금지하기 때문이다. 개인 사업자로 임대 투자를 할 때는 공무원 혹은 대기업 임직원이더라도 겸업을 신청해서 허락을 받으면 대부분 가능하다. 하지만 법인은 어렵다. 외부에서 볼 때 기업의 대표이기 때문이다. 과연 직장 인사과에서 임직원이 다른 기업의 대표라면 어떻게 바라볼까? 물론 부동산 투자를 위한 1인 법인이라 법인의 업무가 직장 업무에 크게 영향을 주지 않겠지만 이는 개인의 생각에 불과하다. 타인이 볼 때는 자신이 대표인 기업에 가중치를 둘 것이라고 생각하기 때문이다. 따라서 공무원, 공기업, 대기업 직원들이 기존의 직장과 겸업을 지속하고 싶다면 개인 사업자로 투자하는 것을 추천한다.

둘째는 비용 때문이다. 법인 사업자를 유지하기 위한 비용은 만만치 않다. 법인 사업자 등록을 하고 나면 필요한 관리 비용을 살펴보자. 우선 사업장의 세금과 관련하여 전반적인 관리 및 신고를 대신 해 주는 세무 기장이 필요하다. 세무 기장은 매출에 따라서 기장료가 달라지는 데 신규 법인은 매출이 없으므로 가장 낮은 요금이나 비율이 적용된다. 그렇게 해도 매월 약 16만 원 정도의 비용이 발생한다. 그리고 사업장이 필요하다. 공유 오피스를 사업장으로 이용해도 비용이 최저 10만 원 정도 발생한다. 그러면 약 25만 원에서 30만 원 정도를 매달 감당해야 하는데 현금 흐름이 부족한 투자자에게는 부담이 될 수 있다.

그리고 법인 사업자로 투자하면 은행 금리가 달라진다. 지식산업센터 투자를 위해 신규 법인을 만들었다면 2022년 8월 기준으로 대출 금리가 개인보다 대략 10% 정도 낮다. 실제 경험한 바로는 동일한 지식산업센터의 시설 자금 대출로 개인은 3.2%, 법인은 2.8%로 법인이 유리하다. 물론 대출 시점과 은행에 따라 금리는 달라지므로 내가 경험한 개인과 법인의 금리는 정답이 아니다. 대출 한도는 개인과 비슷하거나 낮은 편이다.

은행도 많은 투자자가 부동산 투자 목적으로 신규 법인을 만드는 것을 눈치 챘기 때문이다. 물론 부동산 투자 외 다른 사업의 매출이 많은 법인은 예외지만 보통 부동산 투자 법인은 매출이 꾸준하지 않은 데다가 절세를 위한 수단으로 사용한다고 많이 알려져 있다. 그래서 은행은 기본적으로 다른 매출이 없는 신규 법인을 부동산 투자 목적이 아닌지 의심한다. 최근에는 많은 사람이 가상 화폐 투자를 위해 신규 법인을 이용하기 때문에 더욱 의심한다. 그래서 대출 한도와 법인 통장의 이용 한도를 개인 사업자보다 낮게 책정한다.

하지만 우리에게는 전화가 있다. 전화품을 팔자. 부동산 투자 목적의 신규 법인이 개인보다 좋은 대출 한도를 기대하는 것은 힘들지만 통화 건수에 따라 분명 개인 사업자 수준의 대출 조건을 찾을 수 있다.

정리해 보겠다. 법인과 개인 사업자 모두 취득세, 보유세는 동일하며, 대출 한도와 비용 측면에서는 법인이 불리하다. 장기 보유를 하고자 하면 개인 사업자는 장기 보유 특별 공제가 적용되어 유리할 수 있지만 이는 양도 차익과 법인세율과 비교해서 계산해야 할 문제다. 일반적인 경우에는 법인 투자자가 마지막에 웃을 수 있다는 것을 알아 두자. 다만 현실적으로는 개인 사업자의 숫자가 더 많다고 생각한다. 법인 사업자보다는 사업자 등록이 간단하고, 직장인 투자자가 겸업에 대한 심적 부담도 덜하고, 매달 만만치 않은 비용이 들어 허들이 높기 때문이다.

사업자 등록증을 만들었다면 부가 가치세를 납부하자

개인으로든 법인으로든 세무서에서 사업자 등록을 하고 나면 매년 종합 소득세 납부 의무와 반기별 부가 가치세 신고 의무가 생긴다. 지식산업센터를 매수하고 사업자가 되면 은근히 기분 좋다. 임대 투자지만 엄연한 임대 사업자이며 사업체 대표다. 과장님, 부장님이라는 호칭과 다른 느낌이 든다. 특히 법인 사업자로 투자했다면 임대 사업 외에 다른 매출이 있는 사업체를 운영하고 싶은 욕심이 생긴다. 만약 지식산업센터 투자를 마음먹었다면 사업체 이름을 짓고 명함을 만들어 보자. 바로 투자를 지속할 수 있는 환경이 만들어진다. 투자하고 사업 매출을 일으키고 싶은 마음이 절로 들 것이다.

첫 지식산업센터 투자라면 사업자 등록증을 만들어야 하는데 직장인이라면 경험이 없을 것이다. 지식산업센터 매수 과정을 복습해 보자. 먼저 지식산업센터 매수를 결정하면 계약금의 일부를 매도자에게 송금해서 가계약을 한다. 그리고 계약 날짜를 협의하고 계약일에 본 계약을 진행한다. 본 계약을 한 뒤에는 사업자 등록을 해야 한다. 하나의 사업장에는 하나의 사업만 할 수 있다. 임대를 주는 지식산업센터가 10채라면 사업자 등록증이 10개가 필요하다.

사업자 등록증을 만드는 방법은 간단하다. 국세청 홈택스 사이트에서 온라인으로 할 수 있다. 하지만 나는 본 계약을 하자마자 세무서에 방문해서 오프라인으로 발급을 받는다. 미리 사업체명, 개업일, 사업 분류인 업태와 종목을 결정해서 세무서에 비치된 신청서를 제출하면 끝이다. 보통 개업일은 잔금일로, 임차인이 있는 임대 투자라면 사업 분류는 '부동산업-비주거용 건물 임대업'으로 설정하면 된다.

당신이 영등포구의 지식산업센터를 매수했다고 치자. 영등포구 세무서에 방문해 신청서를 제출하면 그와 동시에 사업자 등록증이 발급된다. 영등포구가 아닌 송파구 세무서를 방문해도 사업자 등록증을 발급받을 수 있다. 하지만 다른 지역에서 받으면 대리 신청 건이기에 당일 발급이 되지 않고 2일 안으로 발급이 된다. 발급된 사업자 등록증은 세무서에 방문해서 수령해도 되지만 간단하게 홈택스 사이트를 통해서 출력할 수 있다.

사업자 등록증을 계약하자마자 발급받는 이유는 은행 대출 때문이다. 사업자가 등록돼 있어야만 시설 자금 대출을 신청할 수 있다. 잔금일에 사업자로 은행 대출이 실행되고 대출 외 잔금은 투자금으로 납부하면 된다.

지식산업센터 투자가 처음이라면 부가 가치세 납부를 간과하기 쉽다. 사업자와 사업자 간의 거래이기 때문에 매매가 10%의 부가 가치세가 발생한다. 앞에서도 이야기했듯 매매가 중 토지분에 대해서는 부가 가치세가 면제되지만 건물분에 대해서 10%의 부가 가치세를 납부해야 한다. 매도자는 건물분 10%에 대해 전자 세금 계산서를 매수자에게 발급하고 매수자는 잔금일 다음 달에 홈택스에서 부가 가치세 조기 환급을 통해서 돌려받는다. 부가 가치세는 잠깐 냈다가 다시 돌려받는 돈이다. 여기까지가 매수 과정에서 사업자와 연관된 부분이다.

임대 경쟁에서
우위를 차지하는 법

계약한 오피스가 공실이라면 이제 임대를 주고 임차인을 구할 차례다. 분양권 전매로 투자자가 많이 유입된 지식산업센터의 입주장에는 임대 물량이 많다. 즉 공급이 수요보다 훨씬 많기 때문에 높은 월세를 받을 수 없다. 그렇다고 월세를 무작정 낮춰 버리면 〈상가 임대차 보호법〉 때문에 나중에 시세대로 회복하기 어렵다. 그럼 적정 월세를 유지한 채 임대 경쟁에서 우위를 차지하는 방법은 없을까? 있다. 간단하게 말하면 비용을 들이면 된다. 돈을 써야 한다는 이야기다. 쉽지는 않지만 대표적으로 세 가지 방법이 있다.

인테리어는 필수,
렌트 프리와 추가 중개료는 선택

첫째는 인테리어다. 실사용자는 회사 색깔에 맞춰서 그럴 듯하게 인테리어를 한다. 실사용자의 호실과 임대 투자자의 호실을 복도에서 보면 차이를 알 수 있다. 최소한 세입자가 기죽지 않을 정도로 인테리어를 하면 임대 우위를 차지할 수 있다. 보통 전용 면적 25평의 오피스인 경우는 세 개의 방과 탕비실로 공간을 나눈다. 입주자들은 방 세 개를 보통 임원실과 회의실, 사무실로 사용한다. 탕비실에는 싱크대와 수도꼭지를 달아야 한다. 공간을 나눌 때 방별로 조명과 에어컨, 스프링클러 같은 소방 시설도 설치해야 한다.

오피스 입구도 중요하다. 세입자가 오피스를 방문해서 가장 먼저 눈길을 주는 곳이기 때문이다. 출입구에 강화 유리문을 달고 디지털 도어 락을 설치하자. 이어서 출입구 주변을 깔끔하게 장식해야 하는데 이를 '파사드'라고 부른다. 보통 여기까지가 기본적인 인테리어 과정이고, 추가로 창문에 블라인드를 달아 주기도 한다.

조금 더 고급스러운 분위기를 내려면 바닥 타일을 세련되게 바꾸는 공사를 하고 이와 맞춘 블라인드를 창문에 설치하면 된다. 최근 입주한 시식산업센터에서 바닥을 제외한 기본 인테리어를 진행했는데 약 1,600만 원의 비용이 들었다(2022년 5월 기준). 참고로 인테리어 비용은 매도할 때 양도 차익에서 제외할 수 있어 양도세를 조금 낮출 수 있다.

둘째는 렌트 프리Rent free 다. 렌트 프리는 말 그래도 일정 기간 동안 월세를 받지 않고 임대를 주는 것이다. 보통 임차인도 부동산과 지식산업센터를 한 번만 훑어 보면 임대 공급이 많다는 것을 바로 알 수 있다. 그래서 월세를 깎으려고 하는데 이때 줄 수 있는 당근이 바로 렌트 프리다. 적절하게 렌트 프리 기간을 조율하면 임차 경쟁에서 우위를 차지할 수 있다. 일반적으로 1개월 정도 주는데, 임대 물량이 많으면 공격적으로 3~4개월까지도 생각하자.

셋째는 추가 중개료다. 임대 물량이 많은 지식산업센터 주변 부동산을 방문해서 임대 의뢰를 한다고 하면 소장님은 시큰둥하다. 이미 100개의 임대 매물이 있는데 101개가 될 뿐이다. 공급이 많고 수요가 적으니 소장님은 임차를 구하는 사람을 더 반긴다. 임대 투자자는 임대를 놓을 때 해당 호실, 인테리어, 보증금과 월세, 렌트 프리에 대한 정보를 소장님께 전달한다. 그리고 마지막에 이렇게 말해 보자.

"의뢰한 월세로 계약이 되면 100만 원을 추가로 더 드릴게요."

렌트 프리는 투자자가 임차인에게 주는 당근이지만 중개료를 올려 주는 것은 소장님에게 주는 당근이다. 소장님은 어색한 웃음을 지으며 '추가 100만 원'이라고 수첩에 적을 것이다. 내가 부동산 소장님이라도 추가 100만 원이라는 수익이 들어올 수 있는 호실을 먼저 소개할 것이다. 이 방법은 내 이름을 소장님의 장부 우선순위에 배치하는 방법이며 분명 효과가 있다.

요약하면 인테리어, 렌트 프리, 추가 중개료다. 세 가지를 다 적용하면 분명 효과는 있겠지만 상황에 맞게 적절히 조합해서 사용해 보자. 단계적으로 사용할 수도 있다. 먼저 렌트 프리를 제시하고, 1개월 뒤에 추가 중개료, 3개월 뒤에 인테리어 순서로 활용할 수 있다.

받아야 할 돈,
받지 못하는 돈, 내야 할 돈

지식산업센터를 매수하고 임차인이 입주했다면 임대료, 즉 월세를 받을 차례다. 계약서를 작성할 때는 꼼꼼해야 한다. 임대 계약을 할 때도 마찬가지다. 계약서를 잘못 작성하면 오히려 내야 하는 돈이 생긴다. 이후 월세를 받으면 어엿한 사업자가 됐다는 생각에 기분이 좋을 테지만 직장인이라면 임대 사업을 시작함과 동시에 못 받는 돈도 생긴다. 월세를 받으면 받을수록 국가에 납부해야 하는 금액이 커지기도 한다. 이번에는 초보자라면 임대 계약 과정부터 세금 납부 과정에서 초보자가 놓치기 쉬운 점들을 정리하겠다.

월세와 부가 가치세는
포함되지 않는다

일반적으로 임대 계약 시의 월세는 부가 가치세를 합한 금액을 말한다. 임대 계약에서 부가 가치세를 포함하느냐, 하지 않느냐에 따라 임대인 손에 쥐어지는 월세는 10% 정도 차이가 난다. 월세가 커질수록 금액 차이는 커지므로 돈 문제는 확실히 짚고 넘어가는 게 좋다. 그래서 지식산업센터 월세 계약을 의뢰할 때 '임대료에 부가 가치세 불포함'이라고 확실히 소장님에게 이야기해야 한다.

월세를 받는 입장에서 이야기하는 월세는 부가 가치세를 포함하지 않은 금액이다. 이 부분은 계약서에 기록을 남기자. 만약 월세가 200만 원이라고 가정하면 임차인이 보내는 돈은 200만 원에 부가 가치세 10%인 20만 원을 더한 220만 원이다. 중요한 것은 부가 가치세 20만 원은 우리 돈이 아니라 부가 가치세 신고를 할 때 국가에 내야 하는 세금이니 별도로 관리해야 한다는 점이다.

매월 월세가 통장으로 들어온다. 임대인에게는 임차인에게 월세에 대한 전자 세금 계산서를 발행해야 하는 의무가 있다. 임차인도 월세를 비용으로 처리하기 때문이다. 직장인이 현금으로 거래할 때 현금 영수증을 발급받아 연말 정산 소득 공제 혜택을 받는 것처럼 사업자 간 거래에서도 전자 세금 계산서를 발급해서 거래를 확인한다. 따라서 매월 임대 사업자는 홈택스를 이용해서 전자 세금 계산서를 임차인에게 발행해야 하는데, 두 가지 방법이 있다. '청구'하는 것과 '영수'하는 것이다.

먼저 '청구'는 임대인이 미리 전자 세금 계산서를 발행해서 월세를 청구하는 것이다. '영수'는 먼저 월세를 받고 '영수'했음을 전자 세금 계산서로 발행해 주는 것이다. 쉽게 말하면 월세를 받기 전은 임대인이 '청구'해야 하고 월세를 받은 후는 임차인이 '영수'해야 한다. 지식산업센터 임대인이라면 '청구'만 기억하자. 매월 월세 계약서에 기재된 송금 날짜 2일 전에 알람을 맞춰 놓고 전자 세금 계산서를 청구하는 것이 좋다. 그러면 해당 날짜에 송금됐는지 매월 체크할 수 있어 월세를 관리하기 쉽다.

월세를 받았다면 부가 가치세를 신고해야 한다. 개인 사업자는 1년에 두 번, 법인 사업자는 1년에 네 번을 한다. 참고로 법인 사업자는 세무 기장을 의뢰한 세무사가 관리하므로 확인만 하면 된다. 개인 사업자도 부가 가치세 대리 신고를 세무사에게 의뢰할 수 있지만 셀프 신고가 간단해서 직접 하는 경우가 많다.

월세와 함께 받은 부가 가치세를 내 돈마냥 분리하지 않고 생활비로 소비하면 6개월간의 부가 가치세를 한꺼번에 다시 마련해야 하니 부담이 될 수 있다. 그래서 별도로 관리하는 것을 추천한다. 앞에서 이야기했듯이 입출금이 자유로운 달러화 예금에 넣어 두자. 부가 가치세를 제외한 월세는 용도에 맞게 사용하고, 부가 가치세는 신고 전까지 달러 투자를 하는 셈이다. 일석이조다.

받지 못하는 육아 휴직 급여와 실업 수당, 내야 하는 세금

지식산업센터 투자를 여러 건 진행하다 보면 사업자 등록도 늘어나는데 직장인이라면 알아 둬야 할 점이 있다. 육아 휴직을 하거나 퇴사를 할 때 고용 보험에서 연락이 올 것이다. 육아 휴직은 육아를 위한 무급 휴직이다. 직장에서는 월급이 나오지 않지만 정부에서 휴직 기간 동안 일정 급여를 지급한다. 직장에서 받는 월급 기준으로 월 70만 원에서 100만 원까지 육아 휴직 급여를 받을 수 있다.

하지만 직장인이면서 사업자를 가진 투자자는 고용 보험에서 휴직이라고 판단하지 않는다. 사업자 등록이 많고 근로 소득 이외 소득으로 월 150만 원이 넘으면 육아 휴직 급여를 받을 수 없다. 퇴사할 때도 마찬가지다. 실업 수당을 받을 수 있는 요건이어도 사업자가 있는 경우에는 실업으로 보지 않는다. 그래서 실업 수당을 받을 수 없다.

또 2장에서 이야기했듯이 직장인이 매년 연말 정산을 하듯 사업자는 매년 종합 소득세를 납부해야 한다. 임대 소득이 많아지면 종합 소득세도 많아지니 그만큼 부자가 되고 있다는 신호다. 편하게 한 달 치 월세는 세금으로 나간다고 생각하자. 투자자가 세금을 적게 내는 방법은 명의를 분산하는 것 같은 합법적인 경로만 있을 뿐이다. 세금이 많이 부과되는 것을 두려워하지 말자.

한번은 셀프로 부가 가치세 신고를 하다가 실수해서 과태료를 받은 적이 있다. 이 과정에서 세무서 공무원과 많은 전화 통화를 했는데 세무서 공무원은 어려우면 세무사한테 맡기라는 말을 했다. 해석해 보면 세무서는 세무사를 신뢰하고 있다는 의미다. 따라서 경험이 없다면 부가 가치세, 종합 소득세는 무조건 한 번은 세무사에게 의뢰하자. 이후 임대 소득만 있는 부가 가치세는 셀프 신고를 해도 괜찮지만 종합 소득세는 지속해서 세무사에게 대리 신고하는 것을 추천한다.

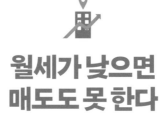

월세가 낮으면
매도도 못 한다

지금까지 지식산업센터 매수와 임대 과정에서 꼭 알아야 할 점에 대해서 이야기했다. 지식산업센터 투자가 처음인 분들에게 이 내용이 시행착오를 대비한 레버리지가 되기를 바란다. 솔직하게 말하면 매수 과정은 배우는 것보다 한 번 부딪혀 봐야 많이 배울 수 있다. 마지막으로 지식산업센터 매도로 시세 차익을 노리는 투자자들을 위해 매수 시 주의해야 할 점을 설명하겠다.

높은 차익을 남기고 싶다면 한 가지를 기억하기 바란다. 바로 지식산업센터의 본질은 수익형 부동산이라는 점이다. 최근 투자자가 많이 유입되어 임대 공급이 많은 지식산업센터에서 빨리 임대를 맞추기 위해 임대가를 과도할 정도로 낮게 책정하는 경우가 있다. 이런 경우 임차인이 나가지 않는 이상 저렴한 임대료는 계속 유지되고, 이후 매도 시점에 적정 시세를 받지 못할 수도 있다.

요약하면 최적의 시세 차익 효과를 누리려면 최소한 적정 시세의 임대료를 받아야 한다는 이야기다. 가끔 수요가 많은 지식산업센터에서 유독 거래가 되지 않는 호실이 있다. 대부분 시세보다 낮은 임대료가 책정된 곳이다. 이런 매물이 나왔을 때 시세 차익으로 접근해도 괜찮을지 궁금하다면 적정 매매가와 적정 임대료, 적정 월세 수익률을 알아보고 해당 매물의 월세 수익률과 비교해 보자. 만약 수익률이 비슷하다면 매수를 고려해도 괜찮지만 월세 수익률이 낮다면 시세 차익형으로 접근해도 나중에 좋은 가격을 받지 못하니 조금 더 기다려 보는 편이 좋을 것이다.

이렇게나 월세 수익률이 중요하지만 시세 차익형으로 접근해서 매매가가 낮은 매물을 찾는 이유는 무엇일까? 바로 현재의 상황적 요인 때문이다.

시세 차익형 투자가 유리해진
두 가지 이유

시세 차익형 투자가 늘어난 데는 두 가지 이유가 있다. 첫 번째는 매매가가 많이 올랐기 때문이다. 많이 올랐다는 표현보다 급등했다는 표현이 더 적절하다. 급등은 평균적인 시간 대비 짧은 시간에 가격이 목표치까지 올라갔다는 뜻이다. 아파트든 지식산업센터든 매매가가 급등한 이유는 하나다. 투자자가 다수 유입됐기 때문이다. 투자자들이 모여든 이유는 두 가지로 정리할 수 있다.

하나는 해당 지역의 지식산업센터 가격이 싸거나 수익률이 좋기 때문이다. 아파트에 대한 강한 규제로 인한 풍선 효과와 오랜 시간 아파트 가격 상승으로 인한 피로감으로 지식산업센터로 다주택자가 많이 유입됐다. 아파트 투자로 수익을 보기 힘드니 다각화가 필요하다는 심리다.

그런데 다주택자들은 아파트 투자 경험이 풍부하다. 시세 차익형 아파트 투자에 대한 경험이 많다 보니 지식산업센터도 동일한 관점으로 바라본다. 지식산업센터는 수익형이지만 '월세는 있으면 좋지만 없어도 그만'이라고 생각한다. 대출 이자가 월세보다 많은 역레버리지가 나타나도 감당할 수 있으면 크게 개의치 않는다. 부동산 투자에 대한 내공이 깊고 지식산업센터가 우상향 투자처임을 확신하기 때문이다.

다른 하나는 지식산업센터를 지을 수 있는 준공업 지역이 한정돼 있어 공급을 무한정 늘릴 수 없기 때문이다. 그런데 동시에 서울 오피스 공실률은 꾸준히 감소하고 있다. 그만큼 오피스 수요가 많다는 의미다. 제한된 공급과 풍부한 수요로 매매가의 상승이 월세의 상승보다 훨씬 커진 것이다. 현재 서울 신축 지식산업센터의 수익률을 계산해 보자. 대출이 없다고 하면 2% 미만이다. 대출을 한다고 치면 마이너스 수익률로 진입한다. 그럼에도 불구하고 성수동, 문정동, 영등포구의 부동산 중개소를 방문해 보면 매수 대기자가 줄을 서 있다. 투자자들이 지식산업센터를 시세 차익형으로도 충분하다고 생각하기 때문이다.

최근 역세권 경기도 주요 입지까지도 월세 수익을 보기 힘든 구조가 돼 버렸다. 조금 더 외곽으로, 조금 더 구축으로 가면 수익률을 기대할 수 있지만 짧은 시간에 큰 시세 차익은 기대할 수 없다. 현금 흐름이 충분하다면 수도권 주요 입지를 선택하는 것이 유리하다. 반대로 현금 흐름이 당장 필요한 투자자라면 경기도 외곽 혹은 서울에서도 구축을 선택하면 된다. 그렇다고 월세 수익률이 좋은 지식산업센터의 시세가 오르지 않는 것은 아니다. 흐름이 늦고 오름폭이 작을 뿐이다.

투자자가 지식산업센터를 시세 차익형으로 바라보는 두 번째 이유는 바로 금리 인상 때문이다. 아파트 시세가 보합하는 시기에 투자자들은 아파트보다 수익형 부동산으로 눈을 돌리고 이때 지식산업센터에 많이 투자한다. 그래서 월세도 상승하고 있었는데, 금리 인상 때문에 그 상승폭이 작아졌다. 즉 일부 월세 수익이 있던 지식산업센터도 지속된 금리 상승 때문에 월세 수익이 없는 시세 차익형으로 변한 것이다.

기존에 수익형으로 접근했던 투자자는 고민이 많겠지만 앞으로 분양할 지식산업센터의 분양가가 올라가는 추세고 지식산업센터 주위 오피스 평 단가도 더 가파르게 높아지고 있어서 시세 차익형으로도 매력이 있다고 생각한다. 하지만 지식산업센터를 시세 차익형으로 접근할지라도 지식산업센터의 태생은 수익형라는 것을 명심하자. 단지 월세 상승 속도가 매매가 상승 속도보다 느릴 뿐이다. 평균 이상의 월세가 세팅돼야만 매도할 때 제값을 받을 수 있다.

종종 공실 리스크를 줄이려고 무리하게 월세를 낮게 책정한 물건이 나온다. 이런 물건을 싸다고 덥석 매수하면 힘들어진다. 〈상가 임대차 보호법〉에 따르면 세입자는 10년 동안 임대할 수 있는 권리가 있다. 즉 1년 단위로 재계약을 해도 월세를 매년 5%밖에 못 올린다. 기존 세입자가 나가지 않는 이상 큰 폭으로 월세를 올리기 힘들다는 뜻이다. 매매가가 조금 높더라도 평균 이상의 월세를 받을 수 있거나 새롭게 임차인을 받을 수 있는 매물을 선택하면 매도할 때도 수월하다.

4장

사야 할
지식산업센터는
따로 있다

: 왕초보도 돈 버는
황금 지식산업센터의 조건

시세 차익이 가능한 황금 지식산업센터 입지

이제 본격적으로 초보 투자자들의 지식산업센터 선택 시간을 줄여 줄 입지에 대해 설명하겠다. 지식산업센터는 전국 각지에 흩어져 있지만, 여기서는 기존 투자자들뿐 아니라 초보 투자자들도 비교적 적은 리스크로 안정적인 수익을 얻을 수 있는 지역만을 다루었다. 최근에는 월세와 시세 차익을 모두 얻을 수 있는 입지를 찾아보기 힘들다. 오히려 시세 차익형 투자가 늘어나는 추세이므로 시세 차익형으로 접근하면 좋은 입지와 수익형으로 접근하면 좋은 입지로 나눠 설명하겠다. 지금부터 다루는 입지를 바탕으로 임장을 다니면서 자신의 생각을 정리해 보기를 추천한다.

먼저 시세 차익 여력이 있는 입지다. 비록 최근에는 대출 이자가 월세보다 큰 역레버리지가 발생한 지역이지만 매매가 하락에 대한 우려가 없고 시세 차익 여력이 있는 곳이다.

시세 차익이 높아지는 다섯 가지 조건

시세 차익형으로 접근하기 좋은 지식산업센터의 입지 조건은 다섯 가지로 정리할 수 있다. 첫째는 관련 업종이 모인 업무 지구일 것, 둘째는 우수한 인력이 모이는 지역일 것(수도권), 셋째는 역세권이 발달한 곳(상권과 교통)일 것, 넷째는 지식산업센터 건물의 연면적이 클 것(편의 시설), 마지막 다섯 번째는 공실률이 낮을 것이다. 이 중 공실률을 제외한 네 가지 조건은 사업체 대표와 직원의 두 가지 역할극을 해 보면 이해하기 쉽다.

먼저 당신이 사업체 대표라고 생각해 보자. 사업은 혼자 할 수 없다. 협력 업체가 필요하다. 분야에 따라 판교의 IT 업체와 협력하거나 과천의 정부 청사와 협력하는 관계일 수 있다. 사업을 하려면 관련 업종이 모인 지역에 위치하거나 그곳에 최대한 가까이 있을수록 유리하다. 이 조건을 충족하는 대표적인 입지가 서울의 영등포, 성수, 문정이다. 영등포는 금융의 중심인 여의도와 전자 제품의 메카인 용산과 인접하고 성수, 문정은 제조, 유통, IT 업종 등 수많은 기업이 모인 강남과 가깝다. 경기도에는 대표적으로 평촌과 용인이 있다. 평촌은 정부 청사가 있는 과천과 인접하고, 용인은 IT 및 연구 개발 업체가 모인 판교와 가깝다.

대표의 입장에서 생각해야 할 점이 하나 더 있다. 회사는 우수한 인력이 풍부한 곳에 있어야 인재들이 모이고 번창한다. 우수한 인력은 어디에 있을까? 이 조건을 충족하는 지역 또한 수도권이다. 아무리 우수한 기업이더라도 유능한 인재들은 외진 곳에 자리한 회사는 꺼린다. 특히 수도권의 인재는 지방으로 나가려고 하지 않는다. 최근 SK하이닉스도 우수 인재 채용을 위해 사업장으로 수도권의 용인을 선택했다. 실제로 지식산업센터의 70% 이상이 수도권에 몰려 있다. 물류 이동이 잦은 사업을 할 경우에는 교통 접근성도 매우 중요하다. 인터체인지, 톨게이트 근처를 선호하는 기업도 있다.

다음으로 당신이 사업체에 고용된 직원이라고 생각해 보자. 직장인은 출퇴근이 편하고, 다양한 점심 메뉴를 고를 수 있고, 원할 때 아메리카노를 사 마실 수 있는 곳을 좋아한다. 전철역에서 내렸는데 20분 정도를 더 걸어야 하거나 버스로 갈아타야 한다면 불편하다. 점심을 먹으러 나왔는데 주위에 논밭 밖에 없으면 난감하다. 교통이 편하면서 상권이 발달한 곳이 바로 역세권이고, 이는 입지 조건 중 가장 중요한 요소다.

연면적이 커야 하는 이유는 무엇일까? 내가 다니는 회사 건물이 1km 떨어진 곳에서도 보일 정도로 우뚝 솟아 있고 번쩍거리는 창문에 구름이 비쳐 보인다면 자존감이 올라갈 것이다. 내부에 메뉴가 다양한 세련된 구내식당이 있고, 음료를 테이크아웃할 수 있는 스타벅스가 있고, 조경이 잘 정비된 휴식 공간도 있고, 편리한 주차 공간이 있으면 은근히 자랑거리가 된다. 이는 연면적이 커야 가능하다.

대단지 신축 아파트의 수요가 많은 이유와 비슷하다. 그 안에는 수영장, 도서관, 키즈 카페, 마트가 입주해 단지 안에서 거의 모든 일을 처리할 수 있다. 지식산업센터도 동일하다. 연면적이 클수록 그 안에서 이용할 수 있는 편의 시설이 많다. 대표적인 브랜드가 태영건설에서 만든 '생각공장'이다. 대기업 사옥처럼 외관이 수려하고 내부에 휴식 공간, 미팅 룸, 접견실, 구내식당 등 커뮤니티와 조경이 잘 조성돼 있다. 이곳이 직장이라고 하면 충분히 자랑할 만하다.

성수 생각공장 야경

요약하면 서울과 이를 중심으로 한 수도권이 좋은 입지라는 이야기다. 그래서 서울로 갈수록 수요가 많아 매매가가 올라간다. 반면 경기도 외곽으로 갈수록 매매가는 떨어진다. 다르게 말하면 서울로 갈수록 월세 수익률이 떨어지고, 경기도 외곽으로 갈수록 월세 수익률이 올라간다. 서울로 갈수록 매매가 상승 속도가 임대료 상승 속도보다 크고, 경기도 외곽으로 갈수록 매매가 상승과 임대료 상승 속도의 차이가 작아진다.

마지막으로 고려해야 할 것이 바로 공실률이다. 업무 지구, 수도권, 역세권, 연면적이라는 조건이 훌륭해 상품성이 좋은 지식산업센터이더라도 공실률이 높은 지역에 위치한다면 조심해야 한다. 대표적으로는 많은 지식산업센터를 동시에 공급하는 특정 택지 지구, 주위에 오피스로 사용할 수 있는 업무 지원 시설이 많은 지역이다. 수요 대비 공급이 많은 지역은 공실률이 높아 어려움을 겪는다. 물론 앞서 언급한 네 가지 조건을 만족한 지식산업센터라면 보통 시간이 흐르면서 공실률이 해결된다. 그럼에도 공실 기간 동안 대출 이자와 관리비 같은 비용을 인내해야 하는 아픔이 있다.

서울과 경기도에 집중해야 하는 이유

초보 투자자일수록 공격적인 투자보다 안정적인 투자를 해야 한다고 생각한다. 첫 실패는 뇌리에 깊이 박혀서 다음 시도를 어렵게 만들기 때문이다. 그래서 실사용과 임대 수요가 많은 입지를 선택해야 하고, 전국 지식산업센터의 70% 이상이 모인 서울과 경기도 이야기를 하지 않을 수가 없다.

서울은 부정할 수 없는 한국의 부동산 대장이다. 아파트 지역 분석을 하기 위한 시작점이 지역별 대장 아파트이듯 지식산업센터도 마찬가지다. 서울 지식산업센터는 먼저 오르고 나중에 하락한다. 매매가도 전국 최고다. 그럼 서울 내에서는 입지의 가치를 어떻게 줄 세울까? 기준은 바로 서울의 중심지 강남과의 접근성이다. 그래서 성수, 문정이 가장 평 단가가 높고 수요도 많다.

다음은 어디일까? 용산, 여의도가 위치한 영등포다. 성수, 문정, 영등포 세 곳의 입지가 서울에서는 최상위이고 그다음은 마곡 지구와 가산 디지털 단지다. 물론 이외의 입지에도 지식산업센터가 있다. 아파트로 비유하면 '나 홀로' 아파트다. 강남구 자곡동, 강동구 상일동, 중랑구 신내 지구 등이다.

서울 지식산업센터 3대 입지

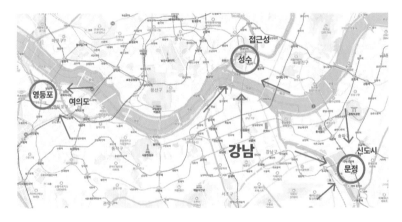

출처: 네이버 부동산

서울이 가장 떴고, 뜨는, 뜰 것으로 예상되는 지역이지만 경기도에도 서울보다 더 좋은 수익률과 시세 차익을 보이는 곳이 있다. 경기도 지식산업센터에 입주하는 사업체들은 차량으로 물류 이동이 쉬운 입지를 선호하기도 한다.

　이제 앞에서 말한 조건을 만족하는 지역을 소개할 것이다. 다만 모두 우수 인력이 모이는 수도권 지역이므로 수도권 여부는 고려하지 않고 업무 지구, 역세권과 상권, 연면적, 공실률 순으로 정리했다. 또 초보 투자자들의 실제 투자금 마련에 도움이 될 평 단가 정보도 추가했다. 지금부터 이런 관점으로 입지를 조금 더 세부적으로 살펴보겠다.

감성 카페와 스타트업의 만남 '성동구 성수동'

성수는 1980년대 이후 구로와 더불어 서울의 대표적인 공장 지대였다. 현재는 노후한 제조형 공장이 있던 자리에 프리미엄 주상 복합 아파트와 지식산업센터가 들어섰다. 최근에는 '무신사', '쏘카', '크래프튼'같이 잘나가는 스타트업이 몰리고, 다리 하나만 건너면 강남 업무 지구라는 이점 덕분에 성수동의 가치가 높아지고 있다.

이 지역을 대표하는 지식산업센터는 서울숲역과 뚝섬역 사이의 서울숲포휴, 서울숲에이타워, 성수역 근처의 SKV1타워와 생각공장 데시앙플렉스다.

성수동
입지 분석

첫째, 어떤 업무 지구일까? 과거 성수동에는 수제화를 만드는 제조 공장이 많았다. 현재는 복고풍의 뜨는 지역, 일명 '핫 플레이스' 상권이 젊은 세대의 관심을 받아 패션과 관련한 의복, 섬유, 가죽, 화장품 관련 업종이 지식산업센터에 주로 입점해 있다.

둘째, 역세권이고 상권이 발달했을까? 성수동 지식산업센터는 2호선이 지나는 아차산로 주변과 신분당선이 지나는 왕십리로 주변에 줄지어 있다. 대로에서 안쪽으로 들어가야 하는 지식산업센터도 있지만 기업들은 차량 진입이 쉬운 대로변 입지를 선호한다.

또 서울숲역에서 뚝섬역까지는 도보로 10분이 채 걸리지 않아 이동이 편리하고, 두 역 사이에는 일명 '감성'적인 식당이 들어차 있다. 흔히 '성수동 카페 거리'라는 이름으로 서울숲역부터 성수역까지 공장이나 주택을 개조한 카페가 구석구석 자리한다.

셋째, 연면적은 어떨까? 성수동에 있는 지식산업센터의 연면적은 다른 지역에 비하면 크지 않다. 그나마 연면적 2만 1,000평 수준의 생각공장이 가장 크고, 대부분 1만 평 안팎 수준이다. 이곳에는 아직 영세 제조형 공장과 거주지가 혼재해 큰 부지를 확보하기 어렵기 때문이다. 큰 대기업 사옥이 이곳으로 옮겨 오기는 힘들지만 건실한 스타트업의 본사들은 성수동으로 몰려들고 있다.

넷째, 공실률은 어떨까? 젊은 세대가 모여들고 이를 겨냥한 스타트업, 중소 IT 업체의 선호도가 높아서 성수동의 수요는 앞으로도 문제없을 것으로 생각한다. 또한 성수동은 일반 상권의 땅값도 가파르게 오르는 중이다. 따라서 지식산업센터의 공실률은 5% 미만이며 신규 분양하는 지식산업센터도 3~6개월 정도면 대부분 임차인을 구할 수 있다. 단 2015년 이상 신축이라면 대출 이자가 월세를 넘는 역레버리지를 기본으로 생각해야 한다. 이 부분이 허들이지만 대출 이자만 감당할 수 있다면 투자자에게 강남 아파트 같은 투자처다.

성수동 대표 지식산업센터 위치

성수동
지식산업센터 평 단가

그렇다면 성수동 주요 지식산업센터의 평 단가는 어떨까? 2호선 뚝섬역 근처, 성수역 사이에 많은 지식산업센터가 몰려 있다. 뚝섬역 근처의 서울숲에이타워는 뚝섬역과 도보로 1분 정도 걸린다. 서울숲포휴와 서울숲에이타워 사이에 위치한 나머지 지식산업센터는 역과의 거리와 상품성을 종합해 평 단가가 정해진다. 전반적으로 비싸고 수요가 많은 곳은 역세권 입지다. 전철은 수도권 직장인 대부분의 출퇴근 수단이기 때문이다.

그렇지만 가장 평 단가가 높은 대장 지식산업센터는 신분당선 서울숲 역세권에 위치한 서울숲포휴다. SRT 수서역에서 신분당선으로 환승 없이 20분이면 서울숲역에 도착하기 때문이다. 서울숲역 바로 이전 역이 바로 압구정역이다. 2호선보다 신분당선이 강남 업무지로 접근성이 좋다. 그리고 서울숲포휴 건너편에는 프리미엄 주상복합 아파트인 아크로서울포레스트와 갤러리아포레가 있어서 이 지역 전체가 프리미엄급이다.

성수역 부근에서는 성수역에서 도보로 2분 정도 걸리는 성수 SKV1 타워가 시세를 리딩한다. 그리고 상품성으로 최상이지만 성수역과는 무려 도보 20분이 걸리는 생각공장이 중랑천 방향인 동북쪽에 위치한다.

가격은 입지와 상품성의 조합이다. 정리하면 성수동에서 평 단가가 높은 순서는 서울숲역, 뚝섬역, 성수역의 초역세권, 뚝섬역과 서울숲 사이, 뚝섬역과 성수역 근처. 서울숲역, 뚝섬역, 성수역 역세권 지식산업센터들은 평당 3,000만 원 이상이며 역 사이에 위치하고 있는 입지는 거의 3,000만 원에 근접한다. 역과는 멀지만 상품성이 좋은 생각공장도 3,000만 원 수준이다(2022년 8월 기준).

아래 도식에서는 역과의 거리에 따른 매매가 차이를 보여 주기 위해 해당 위치의 주요한 지식산업센터 평 단가를 비교했다.

성수동 지식산업센터 평 단가

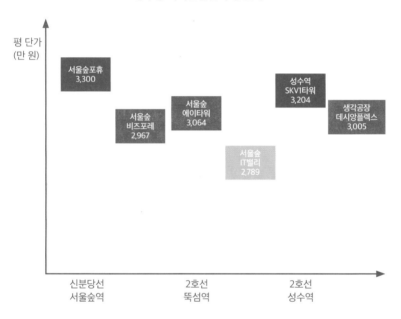

개발자와 법조인이 책임진다 '송파구 문정동'

과거 문정동은 논밭과 비닐하우스가 많은 지역이었다. 일대가 그린벨트였다가 2000년 후반에 해제되어 IT, BT 업종의 회사들이 들어서며 미래형 업무 단지로 개발됐다. 여기에 서울 동부 지방 법원과 검찰청, 법무부 부속 시설이 옮겨 오면서 대규모 법조 타운도 조성됐고, 이어서 미래형 업무 단지에 걸맞는 대규모 지식 산업 단지가 한꺼번에 지어져 지금 같은 모습이 됐다.

대표 지식산업센터는 문정역 바로 앞에 위치한 엠스테이트, 송파테라타워2, 문정 SKV1, 문정테라타워, 문정 SKV1 2차다.

문정동
입지 분석

첫째, 어떤 업무 지구일까? 문정동은 과학, 기술 서비스, 소프트웨어 관련 업종이 많으며 제조 관련 업종은 다른 서울의 지역보다 많지 않다. 판교와 강남 업무 단지 접근성이 좋아 해당 기업과 연계된 스타트업이 선호한다. 지식산업센터 내 업무 지원 시설에는 변호사, 법무사 사무실 같은 법조 타운과 관련한 업종이 빼곡히 들어차 있다. 도로가 반듯하고 주위도 깔끔해 미래 도시 같은 느낌이 든다.

둘째, 역세권이고 상권이 발달했을까? SRT 수서역과 자동차로 10분 내외에 이동 가능하며, 근처에 8호선 문정역도 있다. 지식산업센터는 문정역에서 탄천까지 위치한다. 근처 상권도 우수하고 불황이 없으며, 출퇴근과 점심 시간에 직장인의 행렬을 볼 수 있다.

셋째, 연면적은 얼마나 될까? 이 지역의 지식산업센터들은 2015년에서 2016년에 한꺼번에 공급됐기 때문에 연식이 비슷하며, 연면적은 2만 평에서 5만 평까지로 넓은 대규모다. SK건설, 현대건설, 현대엔지니어링 등 브랜드 상품성도 비슷한 수준이다.

넷째, 공실률은 어떨까? 최근 문정 SKV1 2차 지식산업센터 분양이 완판되었다. 분양 슬로건이 '문정 지구 마지막 지식산업센터'였다. 이제 문정동에는 다른 준공업 지역처럼 허물 공장도, 신축 지식산업센터를 지을 땅도 없다. 앞으로 공급이 없다는 의미다. 달리 말하면 충분히 희소가치가 있는 투자처라는 이야기다. 강남에 위치한 사업체가 지식산업센터로 입주를 생각한다면 성수동이나 문정동일 것으로 예상하고, 따라서 이 두 곳의 수요는 꾸준히 높으리라 짐작한다. 성수동처럼 월세 수익을 기대할 수 없고 역레버리지를 감당해야 하는 아쉬움이 있지만 공실 위험은 거의 없다.

문정동 대표 지식산업센터 위치

출처: 지식산업센터114

문정동
지식산업센터 평 단가

상품성이 비슷하기에 평 단가를 결정하는 요소는 딱 하나다. 바로 '문정역에 내려서 얼마나 빨리 사무실에 들어갈 수 있는지'다. 문정역과 연결된 문정 SKV1과 앰스테이트, 송파테라타워1, 송파테라타위2가 평 단가 2,900만 원대로 가장 높고, 역에서 한 블록 뒤의 곳들은 2,600만 원대, 다음 블록은 2,500만 원대다(2022년 8월 기준).

평 단가는 성수동보다 낮지만 오랜 기간 성수동과 비슷하거나 조금 높은 수준이었다. 현재 성수동이 지속해서 상승하는 모습이기에 문정동도 같은 흐름을 보일 것으로 짐작한다. 최근에는 금리 상승으로 인한 이자 부담과 매매가 상승으로 투자자들의 수익 실현 욕구가 커져서 매물이 늘어나는 추세다. 시세 차익으로 접근하기에 충분하고, 감정가가 높아져서 대출도 90% 수준이 가능한 입지다.

아래 도식에서는 역과의 거리에 따른 매매가 변화를 보여 주기 위해 각 위치의 대표 지식산업센터를 비교했다.

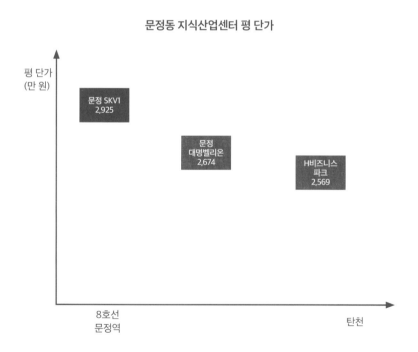

문정동 지식산업센터 평 단가

제조업의 성지,
'영등포구 당산동·문래동·양평동'

영등포구는 1960년대에 제조업으로 굉장히 발달한 지역이었다. 대기업 공장이 많아 일자리가 넘치니 인구도 많이 유입됐다. 하지만 1997년 외환 위기 때 제조업 공장에 타격을 입어서 공장이 지방으로 대거 흩어졌고 그 자리에 지식산업센터가 들어서며 도매업, 유통업 같은 산업이 발달했다. 영등포구는 성수동이나 문정동 대비 여전히 제조형 공장과 오래된 상가 건물이 많은 편이다. 감성적인 핫 플레이스라기보다 어수선한 시장 분위기다. 하지만 기존에 공장이 있던 자리에 꾸준히 지식산업센터가 들어서고 있는 입지다.

영등포구 대표 지식산업센터는 당산역 근처인 당산 SKV1, 영등포구청역 인근의 에이스하이테크 3차, 선유도역의 아이에스비즈타워 2차, 그리고 문래역 인근의 당산 생각공장이다.

당산동·문래동·양평동
입지 분석

첫째, 어떤 업무 지구일까? 주로 도매업과 소매업이 입주한다. 그래서인지 서울의 다른 입지에 비해 창고와 운수를 이용하는 유통업도 많이 입주한다. 제조 업종의 입주율은 낮지만 특이하게 인쇄업의 입주율은 높은 편이다. 또한 금융의 중심지 여의도와 과거 전자 제품의 성지였던 용산과 멀지 않아서 관련 업종이 영등포 지식산업센터에 입주한다.

둘째, 역세권이고 상권이 발달했을까? 영등포에는 꽤 많은 노선이 지나간다. 당산역에는 2호선과 9호선, 영등포구청역에 2호선과 5호선이, 선유도역에는 9호선이, 문래역에는 2호선이, 양평역에는 5호선이 지난다. 그래서 영등포는 지식산업센터가 지하철역 주위로 흩어져 있어 성수동이나 문정동 대비 임장을 다니기가 힘들다. 또 특이하게 지하철역과 붙어 있는 곳도 거의 없다. 서울에서 유일하게 지식산업센터 호실을 구경하려면 부동산 중개소 소장님 차를 타야 하는 지역이다. 임장 피로도로 따지면 문정동, 성수동, 영등포 순이다. 만약 직장인이라면 당산역과 영등포구청역 사이의 입지가 출퇴근이 편리할 것이다.

상권은 어수선하지만 발달한 편이다. 전철역이 많아 교통이 편리하고, 최근에는 일명 '문래 창작촌'으로 부르는 핫 플레이스가 조성되어 세련된 공간으로 변화하고 있다. 감성적인 카페와 호프집, 식당이 많이 들어서 대학생부터 직장인까지 유동 인구가 많아졌다. 또 홈플러스와 문래역이 연결되어 있고, 영등포구청역과 양평역 사이에 롯데마트와 코스트코가 위치한다.

셋째, 연면적은 어떨까? 영등포 지식산업센터의 상품성은 다양하다. 연식도 2004년부터 최근에 완공된 신축까지 볼 수 있고, 연면적도 6,000평에서 5만 평까지 다채로운 규모다. 즉 투자자들이 가진 자금으로 선택할 수 있는 폭이 넓다. 그래서 영등포 임장을 가 보면 월세 수익이 가능한 지식산업센터도 있다.

넷째, 공실률은 어떨까? 영등포는 서울의 중심에 위치해 강남 업무 지구와의 연계성은 떨어진다. 강남에 사무실을 둔 사업체보다는 가까운 금천구의 가산 디지털 단지, 구로구의 구로 디지털 단지, 영등포와 비슷한 업종이 모인 경기도 안양시의 사업체가 영등포 지식산업센터로의 이전을 고민할 것이다.

성수동과 문정동 대비 월세가 저렴해 임대 수요가 높기 때문에 공실의 위험은 거의 없다고 생각한다. 실제로 2022년 초에 영등포에 지식산업센터를 매수했는데, 잔금을 치루기도 전에 임대인을 구했을 정도다.

당산동·문래동·양평동 대표 지식산업센터 위치

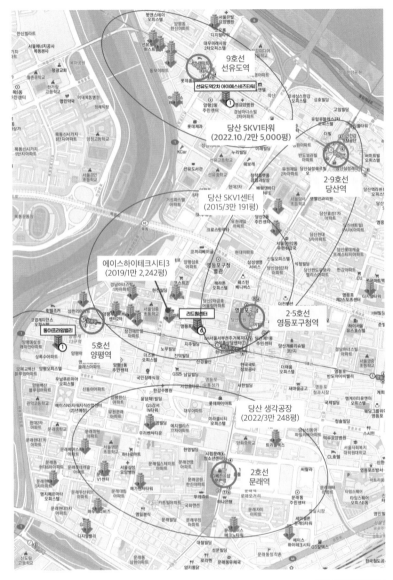

출처: 지식산업센터114

당산동·문래동·양평동 지식산업센터 평 단가

대장 지식산업센터는 당산역과 영등포구청역 사이에 위치해 출퇴근이 편리한 당산 SKV1센터다. 평 단가 2,400만 원대로 영등포 지식산업센터 시세를 이끈다. 다음으로는 영등포구청역에 근처의 신축 당산 리드원과 에이스하이테크시티 3차가 2,000만 원대, 그리고 문래역과 선유도역 주변이 1,900만 원대 순이다.

그런데 2호선 문래역 부근에 주목해야 할 지식산업센터가 있다. 바로 문래역 초역세권인 당산 생각공장이다. 2022년 10월에 완공되면 우위 입지에 있는 당산역 SKV1센터와 비슷한 수준이 될 것으로 전망한다. 역세권에 신축인데다 생각공장의 브랜드 상품성이 높기 때문이다. 현재 분양권 상태에서도 매매가가 크게 상승해서 대출 한도는 분양가의 100% 근접할 것으로 예상한다. 이는 분양가보다 감정 평가가 더 높다는 의미다. 임대 물량이 많을 것으로 예상하지만 수요는 충분하다고 생각한다.

9호선 당산역 근처에도 복병이 하나 더 있다. 1년 넘게 분양이 미루어진 당산역 초역세권인 이화 부지 입지에 지식산업센터가 분양될 예정이다. 당산 SKV1타워라는 이름으로 분양이 이루어질 것으로 예상하는데 당산역과 도보 2분 거리다. 현재 대장인 당산 SKV1센터보다 좋은 입지라 분양 가격이 입지와 시세를 모두 반영해 1.2배 정도 높으리라 예상한다. 당산 생각공장과 더불어 완판이 짐작되고 대장이 될 지식산업센터니 기억해 두자.

이렇게 신규로 분양하는 지식산업센터 분양가가 계속 올라가고 있기에 기축 지식산업센터에게도 호재다. 영등포는 낡은 것을 점점 새 것으로 변화하는 입지다. 꾸준히 공급이 있으리라 생각하고, 신규 지식산업센터에 대한 수요도 입증되어 서울에 3대 투자처로 매력적이다.

아래에서는 입지에 따른 매매가 차이를 보여 주기 위해 각 위치별 대표 지식산업센터의 평 단가를 비교했다.

당산동·문래동·양평동 지식산업센터 평 단가

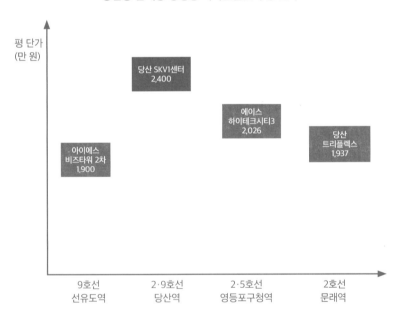

대기업 터줏대감의 힘
'강서구 마곡 지구'

김포 공항이 있는 강서구의 가양동과 마곡동 일대다. 마곡 지구는 택지 개발 지역이다. 택지 개발 지구는 낙후되고 개발이 필요한 지역을 국가가 주도해 개발하는 지역이다. 그런데 이곳에 LG전자를 비롯한 LG그룹의 핵심 계열사가 들어서고 코오롱, 넥센타이어, 이랜드, 롯데, 대우조선해양 같은 대기업이 들어서면서 업무 지구로 재탄생했다. 택지 개발 지구답게 주변에 주거지도 같이 개발돼 아파트 투자자의 주목을 받았던 곳이기도 하다.

대표 지식산업센터는 가양역 근처의 더스카이밸리 5차, 양천향교역 근처의 강서한강자이타워, 증미역 근방의 한화비즈메트로다.

마곡 지구
입지 분석

첫째, 어떤 업무 지구일까? 제조업, 도소매업, 정보 통신업은 타 지역과 비교했을 때 평균 수준으로 입주했으며 운수, 창고를 운영하는 사업체가 많다. 서울에서 김포 공항과 인천 공항의 접근성이 좋고 주변 도로망도 잘 정비돼 있어서 수도권으로의 이동이 편하기 때문이다.

둘째, 역세권이고 상권이 발달했을까? 양촌향교역, 가양역, 증미역에는 황금 노선인 9호선이 지나고, 김포공항역에는 5호선과 공항 철도가 만난다. 올림픽 대로와 남부 순환로에 인접한 지역이기도 해서 교통이 우수하다. 지식산업센터는 준공업 지역인 양천향교역 인근부터 가양역, 증미역 근방에 분포한다. 역을 중심으로 화려하지는 않지만 상권이 잘 형성돼 있다. 가양역에서 양천향교역 방향으로는 롯데시네마, 롯데마트가 위치해 직장인들에게 큰 불편함이 없는 상권이다.

셋째, 연면적은 어떨까? 마곡 지구에는 지식산업센터가 아닌 업무 지원 시설인 오피스 건물들로 채워져 있다. 연면적은 1만 평 이상으로 전반적으로 서울 중심지인 성수동, 문성동보나 넓은 편이다. 특히 연면적 3만 평 수준의 강서한강자이타워는 지식산업센터 내 1층 상권이 크게 잘 형성돼 있다. 참고로 아직 준공되지는 않았지만 양천향교역 근처, 무려 연면적 24만 평을 자랑하는 CJ 물류 센터 부지에는 지식산업센터를 포함한 대규모 복합 시설이 들어설 것으로 예상한다.

넷째, 공실률은 어떨까? 택지 개발 지구는 한꺼번에 공급이 이루어지므로 과잉 공급로 인한 단기간의 투자 어려움이 있다. 마곡 지구는 2020년까지 과잉 공급으로 인한 공실로 가양역 주변의 지식산업센터까지 힘을 쓰지 못했다. 저렴한 가격 덕분에 투자자가 유입되어 일부 좋은 입지의 매매가는 상승했지만 월세는 그리 많이 오르지 않았다. 특히 가양동 신축 지식산업센터의 소형 오피스는 마곡 지구 내 소형 오피스의 높은 공실률로 인해 현재도 어려움을 겪고 있다.

하지만 최근 2년간 강서구로 이동한 사업체 수와 국민 연금 가입자 현황을 확인해 보자. 지역별 국민 연금 가입자 수의 증가와 감소 추이를 확인하면 사업체의 이동에 따라 얼마나 많은 직장인이 이동했는지 알 수 있다. 정규직 직장인은 국민 연금에 의무적으로 가입해야 하기 때문이다. 최근 2년간 서울에서 가장 많은 유입이 있었던 지역은 사업자 수 1,267개, 국민 연금 가입자 수 3만 3,017명이 증가한 강남구다. 강서구는 사업자 수 636개, 국민 연금 가입자 수 2만 5,593명을 기록하며 두 번째로 가장 많이 증가했다.

최근 분양된 오피스 시설이 완판되어 마곡 지구는 수요가 살아났다. 가양역 인근의 신축 지식산업센터에 훈풍이 불고 있으나 여전히 신축 위주의 지식산업센터의 공실이 많은 편이다.

마곡 지구 대표 지식산업센터 위치

출처: 지식산업센터114

마곡 지구
지식산업센터 평 단가

가장 높은 곳은 더스카이밸리 5차이며 평 단가 1,700만 원대다. 2021년에 지어졌으며 가양역 6번 출구에서 도보로 1분 정도 걸리는 곳에 위치한다. 이어서 가양역과 양천향교역 사이의 신축이 1,600만 원 대, 증미역 근방의 준신축이 1,200만 원대를 형성한다. 가양역 인근도 역레버리지가 발생해 시세 차익형으로 접근해야 한다.

향후 평 단가는 양천향교역 인근의 초대형 복합 시설이 완공된다면 크게 변화할 것으로 보인다. 앞에서 언급했듯 코엑스의 연면적

1.7배에 달하는 CJ 물류 센터 부지에 복합 쇼핑몰과 업무 시설, 지식
산업센터가 들어설 예정이다. 강서구의 대표 개발 사업이므로 완공
된다면 역세권과 우수한 상품성으로 강서구 대장이 될 녀석이다.

사업이 얼마나 빠른 시간에 이루어질지가 관건이지만, 이 지식산
업센터의 분양가가 높고 완공 시점에 입주 물량이 빨리 소진된다면
근방의 지식산업센터 매매가와 월세에 긍정적인 영향을 줄 것으로
짐작한다. 이곳은 영등포의 '생각공장'같이 분양을 받거나 프리미엄
을 주고 분양권을 매수할 만한 가치가 충분히 있을 것으로 보인다.

마찬가지로 입지에 따른 매매가 차이를 보여 주기 위해 각 위치별
대표 지식산업센터의 평 단가를 비교했다.

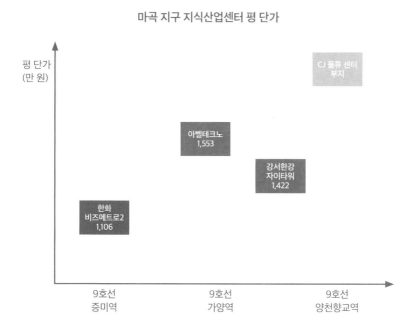

마곡 지구 지식산업센터 평 단가

국내 최대의 지식산업센터 단지
'금천구·구로구'

금천구의 가산 디지털 단지와 구로구의 구로 디지털 단지, 구로구 구일동 구일역 인근의 지식산업센터를 살펴볼 것이다. 먼저 가산 디지털 단지와 구로 디지털 단지다. '서울 디지털 국가 산업 단지'라고도 부르는 이 두 국가 산업 단지의 옛 명칭은 구로 공단이었다. 공단이라는 이름처럼 2000년대 초반까지 의류 및 전자 제품을 만드는 중소 제조업 위주의 낙후한 공장이 모인 지역이었다.

현재는 'G밸리'라고 부르며 총 3단지로 구분한다. 줄여서 '구디'라고 부르는 구로구의 구로 디지털 단지인 1단지, '가디'라고 부르는 금천구의 가산 디지털 단지 2, 3단지로 구성된다. 아직도 노후한 공장이 자리하지만 지금은 그곳들을 허물고 지식산업센터 단지로 탈바꿈을 진행 중이다.

이 지역의 대표적인 지식산업센터로는 1단지의 코오롱싸이언스밸리 2차, 2단지의 대륭포스트타워 6차와 현대지식산업센터(준공 예정), 3단지의 가산 SKV1센터가 있다.

가산 디지털 단지·구로 디지털 단지 입지 분석

첫째, 어떤 업무 지구일까? '가디'는 IT, 소프트웨어 등 지식 서비스 기반의 업체가 많고, '구디'는 주로 패션 산업이 주를 이룬다. 이 지역에는 다른 지역과 비교할 수 없을 정도로 많은 지식산업센터가 자리한다. 서울 디지털 산업 단지로 조성된 후, 벤처 붐으로 수많은 IT 벤처 기업이 들어오면서 발전했고 지금 같은 지식산업센터 단지가 되었다. 미샤, 넷마블, 컴투스 같은 중견 기업이 있고 삼성물산을 포함한 대기업의 연구 개발 센터도 자리한다.

둘째, 역세권이고 상권이 발달했을까? 지식산업센터는 2호선 구로디지털단지역과 1호선, 7호선 더블 역세권인 가산디지털단지역 사이에 분포한다. 광명시와 인접하며 KTX 광명역과도 멀지 않아 직장인이 선호하는 입지다. 실제로 광명시 철산동, 하안동의 아파트는 이 지역으로 출퇴근하는 직장인의 주거지로 각광받았다.

오가는 사람이 많으니 상권도 발달할 수밖에 없다. 전국에서 지식산업센터가 가장 많은 지역이기에 지식산업센터의 수도라고 부른다. 점심시간 즈음에 방문하면 사원증을 목에 건 직장인들이 거리를 가득 메운다. 코로나19가 기승을 부릴 때도 식당에 사람이 바글바글했다. 쉐라톤, 롯데시티호텔, 롯데아울렛, 마리오아울렛, 현대아울렛 같은 호텔과 대형 쇼핑몰도 있어서 유동 인구도 많고 상권도 훌륭하다. 광명시와 영등포구 지식산업센터 임장을 갈 때 금천구를 지나가는데 이 근방은 주중, 주말 따질 것 없이 항상 교통 체증이 심하다.

셋째, 연면적은 어떨까? 서울역으로 가는 KTX를 타면 가산 디지털 단지 옆을 지나간다. 제조형 공장이 있던 산업 단지라 지식산업센터 규모가 제법 커 보인다. G밸리에는 150여 개의 지식산업센터가 있고 7,000평에서 5만 평까지 연면적이 다양하다. 또 2000년대 초반부터 현재 건축 중인 지식산업센터까지 모두 볼 수 있다.

넷째, 공실률은 어떨까? '구디'와 '가디'는 국가 산업 단지다. 국가 기반 산업, 첨단 과학 기술 산업을 육성하기 위해 국토 개발부에서 주도해 산업 단지를 구성했다. 이미 유동 인구가 많고, 직장인과 스타트업이 모여 있어서 수요도 꾸준하다. 최근에는 신축 지식산업센터가 한꺼번에 완공되면서 구축에서 일시적으로 공실률이 높아졌지만 지금은 5% 이하의 평균 공실 수준으로 다시 회복했다.

이렇게나 입지 조건이 좋지만 사실 임대 투자자가 접근하기는 힘들다. 국가 산업 단지 안에서는 소유자가 실사용하려 해도 입주 가능한 업종 조건이 까다롭고 임대 사업은 특별한 경우를 제외하고는 허가받기 힘들기 때문이다. 예외인 특별한 경우는 첫째, 소유자가 사업을 위해 여러 개의 호실을 매수했으나 사업 규모를 축소해 일부 호실만 사용하는 경우다. 이때 나머지 호실은 임대를 줄 수 있다. 둘째는 앞의 경우와 반대로 사업 확장을 위해 미리 호실을 사 둔 경우다. 이때는 일시적으로 임대를 줄 수 있다. 단 산업 단지 내 임대 계약 기간은 5년 이상 해야 하고, 임차인이 요구할 경우 전 임대 계약과 동일한 조건으로 5년 연장이 가능하다. 즉 10년을 묶어 놓아야 하기 때문에 임대료를 올리기 힘들어 짧은 기간 내에 매수, 매도를 통한 수익을 내기가 힘들다. 좋은 건 알겠지만 그림의 떡이므로 실사용이 아니라면 과감히 패스하자.

가산 디지털 단지·구로 디지털 단지 대표 지식산업센터 위치

출처: 지식산업센터114

가산 디지털 단지·구로 디지털 단지 지식산업센터 평 단가

지식산업센터가 너무 많아 매매가를 확인하는 것도 힘든 지역이다. 에이스테크노타워 '8차'처럼 차수로 구분하는 같은 이름의 건물도 즐비하다. 이런 경우에는 큰 도로를 기준으로 구역을 나눠 연식과 연면적이 비슷한 매물을 하나씩 지정해서 비교하면 편하다. 즉 역과의 거리로 평 단가 순위를 매길 수 있고 신축 여부와 연면적 등 상품성에 따라 평 단가가 움직인다. 구로 디지털 1단지, 가산 디지털 2, 3단지로 나누어 살펴보겠다.

구로 디지털 1단지의 지식산업센터는 대부분 2000년 초반에 준공되었다. 2005년에 지어진 코오롱싸이언스밸리 2차는 2호선 구로디지털단지역과 가까워 평 단가 1,700만 원 수준을 형성하며, 역에서 10분 정도 떨어져 있는 삼성IT밸리는 2007년에 지어졌으며 평 단가는 1,400만 원대다 (2022년 8월 기준).

가산 디지털 2단지는 어떨까? 가산디지털단지역 3번 출구 쪽, 즉 구로 디지털 단지 쪽에 2000년대 초반에 지어진 지식산업센터가 밀집한다. 2010년에 지어졌고 가산디지털단지역과 인접한 대륭포스트타워 6차가 평 단가 1,800만 원, 2007년에 지어진 이앤씨드림타워 7차는 역에서 6분 거리며 평당가 1,100만 원이다(2022년 8월 기준). 눈여겨볼 곳은 역과는 도보 10분이 걸리지만 7만 평 대규모로 건축 중인 현대지식산업센터 가산퍼블릭이다. 구축 지식산업센터 사이에서 독보적인 상품성으로 2단지 최고 평 단가가 될 저력을 갖고 있다.

마지막으로 가산디지털단지역의 동쪽, 안양천 방면의 가산 디지털 3단지다. 넓은 부지에 가장 많은 지식산업센터가 위치했고 현재 건축 중인 지식산업센터도 볼 수 있다. 가산디지털단지역에서 내리면 가장 눈에 띄는 지식산업센터가 있는데, 바로 가산SKV1센터다. 평 단가도 구디와 가디의 지식산업센터 중에서 가장 높은 1,900만 원대다. 3단지는 대체적으로 다른 두 단지보다 평 단가가 높다.

입지에 따른 매매가 차이를 보여 주기 위해 위치별 대표 지식산업센터의 평 단가를 비교했다.

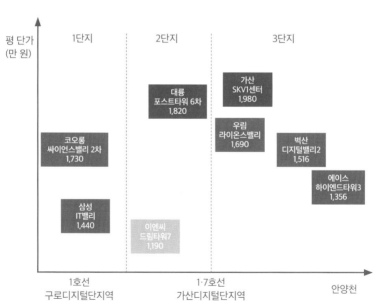

구로 디지털 단지·가산 디지털 지식산업센터 단지 평 단가

구로동 구일역 인근
입지 분석과 평 단가

1호선 구일역 인근에 신박한 지식산업센터가 건설 중이다. 바로 '구로 생각공장'이다. 산업 단지가 아닌 일반 공업 지역에 위치해 투자자도 접근이 가능하다. 1호선 구일역과 약 230m 떨어진 역세권이며, 서부 간선 도로와 경인로를 편히 이용할 수 있어 구일역의 약한 상권이 보완된다. 연면적은 4만 평의 대규모이며 2025년 준공 예정이다. 평 단가 2,300만 원으로 분양을 했다. 저렴하지는 않지만 역세권과 상품성으로 투자할 가치가 있다.

구로동 구일역 인근 대표 지식산업센터 위치

출처: 지식산업센터114

교통으로 압도한다
'중랑구·구리시·남양주시'

서울이고 신축 지식산업센터가 위치하는데도 경기도 외곽처럼 보이는 지역이 있다. 중랑구 신내역 부근의 신내동 택지 개발 지구다. 이 부근은 신내역부터 갈매역, 별내역까지 경춘선을 따라 지식산업센터가 위치해 중랑구 신내동부터 구리시 갈매 지구, 남양주시 별내동까지 함께 살펴야 한다.

신내동의 대표적인 지식산업센터는 데시앙플렉스와 신내 SKV1이며, 갈매 지구에는 현대클러스터 갈매역 스칸센알토, 별내동에는 별내파라곤1이 있다.

중랑구 신내동, 구리시 갈매 지구, 남양주시 별내동 입지 분석

첫째, 어떤 업무 지구일까? 이 근방에는 별다른 공업 지역이 없었고 택지 개발이 진행되며 지식산업센터도 유치됐다. 그렇지만 북구 간선 도로 신내 IC, 세종 포천 고속 도로 중랑 IC와 인접해 교통에 강점이 있다. 교통이 편리해 유통업체가 많으니 드라이브 인의 수요가 다른 지역보다 많다. 구리 갈매, 남양주 별내 지역에도 지식산업센터 내 드라이브 인 비율이 타 입지보다 높다. 정리하면 동대문에 납품하는 의류 관련 도매 업종과 운송, 유통업체가 많으며 근처에 서울의료원이 있어 보건 관련 업종도 입주한다.

둘째, 역세권이고 상권이 발달했을까? 신내동의 신내역에는 6호선과 경춘선이 지나지만 인기 노선은 아니기에 역 주위에 상권이 발달하지 못했다. 지식산업센터로 가는 길에도 상권은 찾아볼 수 없고 낙후했다는 느낌을 지울 수 없다. 신내에서 차로 10분 정도 이동하면 구리시가 판교를 벤치 마킹해 조성한 대규모 구리 갈매 지식산업센터가 나온다. 근처에 경춘선이 지나는 갈매역이 있지만 안타깝게도 도보로 15분 이상이 걸려서 역세권이라고 하기는 애매하다. 별내동도 마찬가지다. 갈매 지구에서 차를 타고 10분 정도 올라가면 남양주시 별내 지구가 나오는데, 이곳도 경춘선 별내역에서 15분 이상 걸려서 역세권이라고 부르기에는 애매하다.

셋째, 연면적은 어떨까? 연면적은 1만 평에서 4만 평까지로 규모는 전반적으로 크다. 지식산업센터만 살펴보면, 신내역 가까이에 위치해 도보로 15분 거리인 신내 데시앙플렉스는 2020년에 지어졌으며 연면적 2만 5,000평이다. 역에서 20분 정도 걸리는 신내 SKV1센터는 2021년에 지어졌으며 연면적은 3만 평이다.

넷째, 공실률은 어떨까? 세 곳은 경쟁 지역라 비슷한 흐름을 보인다. 또 대규모로 동시에 공급되기에 공실의 위험성이 크고 월세와 시세 상승도 느리게 움직인다.

신내동 대표 지식산업센터 위치

갈매 지구, 별내동 대표 지식산업센터 위치

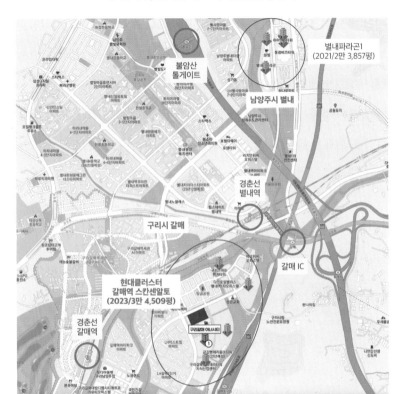

출처: 지식산업센터114

중랑구 신내동, 구리시 갈매 지구, 남양주시 별내동 지식산업센터 평 단가

현재 신내 데시앙플렉스는 1,100만 원대, 구리 갈매 지식산업센터는 900만~1,000만 원, 남양주 별내도 800만~1,000만 원대의 평 단가가 형성돼 있다.

한 가지 주목할 만한 정보는 갈매 지구의 지식산업센터 호실이 한꺼번에 공급됐고 2023년까지 입주가 예정돼 있다는 것이다. 8호선 연장 계획이 있어서 이 지역 부동산에 호재지만 지식산업센터는 역과 거리가 있어서 아쉽다. 신내동, 구리시 갈매, 남양주시 별내에 있는 지식산업센터 투자는 전체적인 입주율을 살펴보고 공실 문제가 해결되는 시점에 시도해 보기를 추천한다.

다음 도식에서는 해당 지역의 대표 지식산업센터 세 곳의 평 단가를 비교했다.

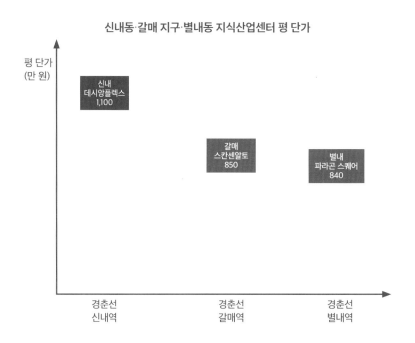

신내동·갈매 지구·별내동 지식산업센터 평 단가

과천시가 직접 주도한다 '과천시 지식 정보 타운'

지금부터는 4호선 전철역을 중심으로 발달한 수도권 지식산업센터를 살펴보겠다. 서울에서 가까운 순서대로 정리하면 과천시, 안양시, 의왕시, 군포시로 이어진다. 사당에서 과천, 안양, 군포까지 이어지는 4호선 전철역 인근의 지식산업센터는 서울 접근성이 우수하다.

먼저 과천시다. 과천시는 정부가 계획적으로 설계한 도시다. 서울에 밀집한 정부 기능을 분산하기 위해 이곳으로 정부 청사를 옮겼고, 마치 빈 종이에 그림을 그리듯 도시를 완성했다. 분당과 더불어 주거지로 쾌적한 부촌이며 녹지가 만많은데다가 편의 시설도 풍부하다. 정부 청사를 위해 계획된 도시라서 유해 시설도 없고 공장 지역도 없다.

그리고 정부 청사 아래쪽, 안양시 동안구와 인접한 갈현동에 다시 그림을 그리고 있다. 바로 과천 지식 정보 타운이다. 이를 줄여서 '지정타'라고도 부른다. 과천 지식 정보 타운 조성 계획은 과천시가 기업체 유치를 통해 자족 도시로 나아가기 위한 프로젝트다. 이미 잘 구성된 주거지 인근에 만들어지는 택지 개발 지구이기에 인구가 유입될 것은 확실하고 이곳으로 이전하는 기업도 많아서 큰 호재를 가진 입지다.

과천 지식 정보 타운 내 대표적인 지식산업센터는 두 군데로, 2023년 완공 예정인 디테크타워와 과천 상상자이타워다. 나머지는 KT&G, 광동제약, 일진그룹, 중외제약, 넷마블 연구소 등 다양한 기업의 사옥이다.

과천시 지식 정보 타운
입지 분석과 평 단가

첫째, 어떤 업무 지구일까? 주로 제약과 전자, 소프트웨어 업종이 입주하고, 협력 업체 및 스타트업이 들어올 예정이다. 정부의 행정 기관을 비롯한 코오롱그룹 본사, KT통합관제센터, LG에너지솔루션 연구소 등도 있다. 그동안 정부 행정 기능에만 편중했던 과천시는 이곳에 첨단 지식산업센터, 의료 바이오 타운, 창업 및 연구센터를 적극 유치해 도약을 준비하고 있다.

둘째, 역세권이며 상권이 발달했을까? 4호선 '지식정보타운역(가칭)'이 신설 개통되면 디테크타워는 초역세권이 된다. KT&G가 시행사인 상상자이타워는 두 동으로 지어지고 있는데 한 동이 KT&G 사옥이다. 사옥 내에 임직원을 위한 도서관, 어린이집 등 편의 시설이 특화되어 있고, 지식산업센터 입주 기업도 이 시설들의 혜택을 누릴 수 있다.

셋째, 연면적은 어떨까? 앞에서 언급한 공용 편의 시설 투자로 연면적에 비해 전용률은 46% 수준으로 낮은 편이다. 연면적 4만 7,000평의 디테크타워는 신축 분양 트렌드인 10~20평대의 소형 평수가 아닌 30평, 50평대 오피스로만 구성돼 있고, 연면적 3만 3,000평인 상상자이타워의 전용 면적은 10평대부터 50평대까지 다양하다. 분양과 동시에 순식간에 완판되었고 2023년 초중반에 완공될 예정이다.

넷째, 공실률은 어떨까? 택지 개발 지역이라 토지가 한정적이기에 과천시에서 지식산업센터 부지는 이곳밖에 없다. 희소성이 크다는 뜻이다. 또 주변이 대기업 사옥들로 가득해 협력 업체 혹은 스타트업의 수요가 많을 것으로 생각한다. 2023년 상반기부터 입주가 시작될 예정이라 초기 공실률은 지켜봐야겠지만 서울 주요 입지 수준으로 공실률이 빨리 안정되리라고 예상된다.

마지막으로 평 단가는 얼마일까? 현재 평 단가는 1,800만 원대로 형성돼 있으며 디테크타워가 상상자이타워보다 조금 더 앞선다(2022년 8월 기준). 4호선 전철역 입지에서는 과천시 지식산업센터가 입지,

상품성, 수요 면에서 안양시, 의왕시, 군포시 지식산업센터보다 앞설 것이며, 앞으로 시세를 주도할 것으로 생각한다.

과천시 지식 정보 타운 대표 지식산업센터 위치

출처: 지식산업센터114

오래된 매물부터 신축 매물까지 '안양시 동안구·의왕시 포일동'

다음은 안양시 동안구와 이에 인접한 의왕시 포일동이다. 이곳은 한때 지식산업센터 월세 수익률이 10% 이상 나왔던 곳이고 현재는 서울부터 시작된 매매가 상승이 안양까지 흘러와 월세와 대출 이자 크기가 엎치락뒤치락한다. 이곳에는 1990년 후반의 아파트형 공장도 남아 있어 지식산업센터의 변화 과정을 볼 수 있는 박물관 같다. 임장을 다니면서 지식산업센터가 어떻게 변화했는지 눈으로 확인해도 좋을 것이다.

4호선 노선을 따라 대표적인 지식산업센터를 정리하면 안양시 동안구에는 평촌역의 평촌하이필드와 인덕원역의 오비즈타워, 금강펜테리움IT타워가, 의왕시 포일동에는 인덕원IT밸리가 있다.

동일테크노타운(아파트형 공장)

오비즈타워(지식산업센터)

안양시 동안구
입지 분석과 평 단가

첫째, 어떤 업무 지구일까? 안양시는 동안구와 만안구로 나뉜다. 평촌역이 자리한 평촌 신도시 인근에 일반 공업 지역이 있는데, 여기에 효성 안양 공장과 오뚜기 공장을 비롯한 중소 제조업 공장과 지식산업센터가 함께 위치한다. 제조업 공장이 많아서 1990년대에 지어진 아파트형 공장도 있고 노후한 제조 공장도 많아 앞으로도 지식산업센터가 생길 여력이 있는 입지다.

기계 및 장비를 판매하는 도매업과 화학 물질 및 제품을 판매하는 업체도 많이 자리한다. 과천 정부 청사와 멀지 않은 위치라 건축 설계, 측량 같은 건축 업종도 많이 입주한다. 소매, 도매업도 많고 서울 접근성도 좋아 이곳 지식산업센터의 저층은 대부분 드라이브 인이고 수요도 많은 편이다. 기숙사동을 포함한 지식산업센터도 있다.

둘째, 역세권이고 상권이 발달했을까? 평촌 신도시 주거지와 인접한 평촌역 근방에는 CGV와 이마트를 비롯한 상권이 잘 형성돼 있다. 인덕원역 근방으로는 인덕원 사거리부터 상권이 형성돼 있지만 정돈된 분위기는 아니다. 하지만 과천 지식 정보 타운과 맞닿은 입지라 지식정보타운이 이곳의 호재로 작용할 것이다.

4호선 평촌역의 전 역인 인덕원역에도 많은 지식산업센터가 위치한다. 제조형 공장의 특성상 저층 건물이 많아 보지 않으려 해도 보이는 마천루가 있는데, 바로 관양동의 '오비즈타워' 지식산업센터다. 오비즈타워 근처로 다양한 지식산업센터가 모여 있고 상권도 잘 발달됐다. 하지만 상권이 서울만큼 화려하지 않고 지식산업센터 내 상권에 많이 의존한다. 오비즈타워 주위로 지식산업센터가 밀집한 관양동 상권이 평촌동보다 더 발달한 모습이다. 다만 초역세권은 아니다. 평촌하이필드는 평촌역과 가깝다지만 도보로 10분 정도 걸리며, 오비즈타워도 인덕원역에서 도보로 15분 정도 걸린다.

셋째, 연면적은 어떨까? 연면적은 대부분 1만 5,000~2만 5,000평 수준으로 규모가 큰 편이며 오비즈타워 옆에 있는 금강펜테리움IT타워가 4만 평 이상으로 가장 크다.

넷째, 공실률은 어떨까? 안양시부터 의왕시, 군포시까지 공업 지역이 이어져 있다. 평촌역과 인덕원역 덕분에 서울 접근성 좋고 서울에 비해 임대료가 저렴하기 때문에 서울에서 이동해 오려는 사업체의 임대 수요가 있다. 또한 군포시, 의왕시의 사업체들이 상급 입지인 평촌동으로 오려 하기에 매매와 임대 수요가 높다. 기존 기축의 공실률은 일반적으로 5% 수준이며, 공실 리스크가 없는 입지다.

평 단가는 역과의 거리와 신축 상품성 순으로 정해진다. 이곳 평 단가는 서울과 앞자리가 다르다. 2018년에 지어졌고 평촌역과 가까운 평촌하이필드가 평 단가 1,400만 원 수준으로 시세를 주도한다. 인덕원역 근처의 오비즈타워는 2014년에 지어졌으며 평 단가는 1,300만 원대다(2022년 8월 기준). 이 지역은 수요도 많고 매물의 연식도 다양해 수익형과 차익형 모두로 접근할 수 있어 선택의 폭이 크다.

안양시 동안구 대표 지식산업센터 위치

출처: 지식산업센터114

의왕시 포일동
입지 분석과 평 단가

인덕원역의 오른쪽은 의왕시와 접한다. 이곳에는 역에서 도보로 갈 수 없는 위치에 6만 평 규모의 깔끔한 지식산업센터가 있다. 바로 인덕원IT밸리다. 주거지에 자리해 외진 분위기의 숲세권이고 셔틀버스로 오간다. 불리한 교통에도 공실률이 낮은데, 인덕원역 위로 과천 지식 정보 타운이 형성되어 반사 효과를 누리고 있기 때문이다.

평 단가는 800만 원 정도로 평촌동 대비 저평가된 입지다. 금리를 4%로 계산했을 때 월세 수익이 나오는 곳이고 월세가도 꾸준히 오르고 있어 현금 흐름을 만들기 위한 투자처로도 적당하다.

의왕시 포일동 대표 지식산업센터 위치

출처: 지식산업센터114

시작된 개발, 떠오르는 기대주
'안양시 만안구'

안양시 동안구에 이어 만안구를 살펴보자. 만안구에도 일반 산업 지역이 있다. 하지만 평촌 신도시가 있는 동안구와 달리 낙후한 모습이며 일반 산업 지역에는 대부분 영세한 제조업 공장이 자리한다. 동안구가 신도심이라고 하면 만안구는 구도심이다. 만안구 일대에는 아파트 재개발 구역이 많은데, 재개발이 속속 완료되어 새롭게 변화했다. 노후한 제조업 공장이 있던 곳에도 지식산업센터가 건축되고 있다.

이 지역의 대표 지식산업센터는 명학역과 범계역 사이의 안양아이에스BIZ타워센트럴과 에이스하이테크시티 범계다.

만안구
입지 분석과 평 단가

첫째, 어떤 업무 지구일까? 만안구 지식산업센터에는 건설업과 금속, 전기 장비, 일반 기계, 화학, 인쇄, 화학 제품 같은 제조업과 도매업, 운수업, 창고업 위주의 업종이 입주한다. 특히 안양아이에스BIZ타워센트럴은 물류 관련 업종을 겨냥한 지식산업센터로, 기숙사동이 함께 있고 6층까지 드라이브 인으로 이어진다.

둘째, 역세권이며 상권이 발달했을까? 만안구에는 1호선 안양역과 명학역이 있으며, 동쪽으로는 동안구의 4호선 범계역과도 인접한다. 이 지역의 지식산업센터는 동안구 평촌동의 공업 단지와 뒤에서 이야기할 안양시 호계동 금정역 산업 단지 중간에 위치해 두 지역을 차로 약 15분 내로 이동할 수 있어서 접근성이 좋다. 하지만 전체적으로 역과 멀리 떨어진 곳에 위치해 역세권이라 할 수 없고 주변 상권이 발달하지 않아 지식산업센터 내 상권을 이용해야 한다.

대표 지식산업센터 두 곳을 조금 더 자세히 살펴보면 안양아이에스BIZ타워는 낙후한 지역을 재개발한 곳에 위치한다. 안양시에서 가장 규모가 큰 아파트인 래미안 안양메가트리아와 인접해 유동 인구는 많다. 하지만 1호선 명학역에서 도보로 20분, 4호선 범계역에서는 25분 이상이 걸려 아쉬움이 남는 입지다. 에이스하이테크시티 범계는 범계역에서 도보로 15분 정도 걸리는 거리에 있어 안양아이에스BIZ타워보다 조금 더 접근성은 높다.

셋째, 연면적은 어떨까? 전반적으로 연식이 오래됐지만 대표 지식산업센터 두 곳을 중심으로 살펴보자. 먼저 안양아이에스BIZ타워센트럴은 2022년에 지어졌으며 연면적 6만 5,000평 규모다. 에이스하이테크시티 범계는 2021년에 지어진 신축이며 연면적은 1만 6,000평으로 상품성이 안양아이에스BIZ타워센트럴이 한 수 위다.

넷째, 공실률은 어떨까? 안양아이에스BIZ타워센트럴의 입주는 2022년 2월에 시작되어 현재 약 60% 정도의 입주율을 보이는데, 채워지는 데는 다소 시간이 걸릴 것으로 짐작한다. 따라서 이곳에 투자하려면 조금은 공실을 감당할 수 있어야 한다(2022년 8월 기준). 이는 에이스하이테크시티 범계도 마찬가지다.

마지막으로 평 단가다. 이곳의 지식산업센터는 동안구 평촌동에 있는 매물에 비하면 분양가가 저렴했고 실제로도 프리미엄 가격이 아주 늦게 올랐다. 그런데 입주 즈음에 감정가가 분양가를 웃돌았고, 시설 자금 대출이 무려 95%나 나와 소액 투자가 가능해져 매매가가 급상승했다. 대표 지식식산업센터인 안양아이에스BIZ타워센트럴과 에이스하이테크시티 범계 모두 평 단가 950만 원 수준이다(2022년 8월 기준). 크지는 않지만 월세 수익을 볼 수 있는 입지다. 현재는 안양아이에스BIZ타워센트럴에 투자자가 상당수 유입됐다. 임대 물량도 많아 임대료가 낮게 형성됐지만 공실이 해소되는 시점에 임대료도 같이 오를 것으로 예상한다.

만안구 대표 지식산업센터 위치

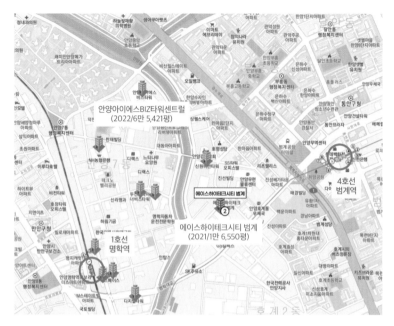

출처: 지식산업센터114

4호선의 마지막 황금 입지
'안양시 호계동·군포시 제일 공단'

4호선 입지의 마지막 지역이다. 호계동은 금정역과 군포역이 지나는 곳으로 안양시 동안구에 속하지만 군포시와 인접해 함께 봐야 한다. 군포시의 입지와 평 단가까지 살펴본 뒤, 마지막으로는 과천시 지식 정보 타운, 안양시 동안구, 만안구, 의왕시, 군포시 제일 공단으로 이어지는 4호선 대표 지식산업센터의 평 단가를 정리하겠다.

호계동을 대표하는 지식산업센터는 금정역 주변의 SKV1 타운이다. 군포시에서는 곧 완공될 군포역 생각공장에 투자자들이 주목하고 있다.

안양시 호계동
입지 분석과 평 단가

첫째, 어떤 업무 지구일까? 호계동은 'LS 타운'이라고도 불린다. LS 일렉트릭, LS엠트론, LIS 등의 대기업 본사와 연구소가 위치하기 때문이다. GS데이터센터도 건축 중이며 대기업 협력 업체가 입주하고 수요도 많다. 전반적으로 전기 장비와 화학 제품의 도매업과, 소매업, 유통업, 부설 연구소 같은 연구 업종이 입주한다. 금정역 근처로는 일반 공업 지역이 있는데, 금정역 부근에는 LS그룹의 공장이, 군포시까지 이어지는 공업 지역에는 영세한 제조 공장이 많다.

둘째, 역세권이며 상권이 발달했을까? 지식산업센터는 1호선과 4호선이 지나는 금정역에서 도보 10분 정도 거리에 모여 있다. 약 5,000평의 부지 안에 밀집한다. 상권은 금정역으로 가는 길목에 띄엄띄엄 형성돼 있다. 주상 복합 아파트인 금정역 힐스테이트가 완공되면 상권이 더 좋아질 것으로 생각한다. 지식산업센터 내 상권도 깔끔하고 잘 발달했다. 총 여섯 채의 지식산업센터가 있는데 호계데시앙플렉스를 제외한 다섯 채가 모두 SKV1이다.

셋째, 연면적은 어떨까? 1만 2,000평에서 2만 2,000평의 대규모이며, 2018년과 2019년에 지어져 상품성도 비슷비슷하다.

넷째, 공실률은 어떨까? 공실은 거의 찾아볼 수 없지만 2022년 하반기에 금정역 2차 SKV1의 입주가 시작된다. 상품성, 입지 관점에서 우수하나 얼마나 빠르게 공실이 해소될지가 관건이다.

평 단가는 1,000만 원대로 비슷하지만 현재 가장 큰 규모로 건축 중인 금정역 SKV1 2차가 조금 앞선다. 현재는 최근 분양한 금정역 SKV1 3차의 상품성이 가장 높지만(2022년 8월 기준), 금정역을 기준으로 가장 뒤쪽에 있고 연면적도 주위 기축보다 메리트가 없다. 그럼에도 분양 시 평 단가가 1,300만 원대로 상품성이 비슷한 기축보다 높았는데, 금정역 SKV1 3차의 분양권 프리미엄이 지속적으로 상승한다면 주변 기축에 호재로 작용할 것으로 보인다.

현재 금정역 인근에 신축 아파트가 지어지는 중이고 금정역이 GTX-C 노선에 포함되어 큰 호재가 기대된다. 호계동은 산본역이 있는 산본 신도시의 주거지와도 근접해 유망한 입지다.

안양시 호계동 대표 지식산업센터 위치

출처: 지식산업센터114

군포시 제일 공단
입지 분석과 평 단가

군포 제일 공단은 4호선 금정역에서 1호선으로 환승해서 한 개 역을 이동해야 하는 1호선 라인이지만, 호계동과 근접하고 위치상 4호선 라인으로 봐도 무방하기에 함께 정리했다.

군포시는 소개할지 말지 고민했으나 군포역 2번 출구 바로 앞에 눈여겨볼 만한 지식산업센터가 생긴다는 소식에 정보를 안내한다. 바로 군포역 생각공장, 트리아츠다. 1년 넘게 소문만 무성했던 이곳에 모델 하우스가 지어지고 있고, 2022년 10월에 분양이 시작될 예정이다.

첫째, 어떤 업무 지구일까? 군포시는 산본 신도시를 품은 도시다. 군포시의 공업 지역은 안양시 만안구 1호선 명학역에서 군포역까지 기차길 동쪽으로 이어진다. 1호선 군포역 앞에는 군포 제일 공단이 위치하고, 이곳에는 롯데, 유한킴벌리, 농심의 제조 공장이 있으며 영세 중소 제조형 공장 또한 많이 입주한다. 주로 안양시의 공업 지역과 비슷한 업종이 많은데, 금속, 화학, 전기 제품 제조 공장을 비롯해 도매업, 운송의 물류 업종도 강세다.

군포 제일 공단 근방에는 아파트형 공장과 2000년대 초반의 지식산업센터가 넓은 부지에 흩어져 있다. 물류 업종이 많아서 8층까지 드라이브 인으로 이루어진 지식산업센터도 있다. 그러다 보니 사무실과 건물의 층고가 높아서 공장처럼 큰 장비가 필요한 제조업도 제법 입주한 모습이다.

둘째, 역세권이고 상권이 발달했을까? 생각공장 트리아츠는 1호선 군포역에 인접한 초역세권이다. 1호선 군포역 주변은 상권이 잘 형성돼 있지만 세련되지 않고 시장 분위기가 나는 노후한 상권이다. 군포역에서 연결 통로로 방문이 가능한 매머드급의 근사한 슈트를 입은 군포역 트리아츠가 들어서면 주위 상권에도 영향을 줄 것으로 예상한다.

셋째, 연면적은 얼마나 될까? 트리아츠는 연면적 7만 4,000평의 대규모 지식산업센터다.

넷째, 공실률은 어떨까? 이곳의 지식산업센터들은 제조업 공장 내에 위치하고 제조업에 적합한 형태로 지어졌다. 기축의 공실률은 낮고 임대 수요도 높다. 하지만 최근에 완공된 신축 지식산업센터들은 이 근방의 성격에 맞지 않게 소형 평수의 호실로 이루어져 공실률이 상당하다. 신축의 임대료는 상당히 낮게 형성돼 있어 군포시의 임대료를 누르고 있는 모습이다.

하지만 또 다른 신축인 트리아츠는 다를 것으로 생각한다. 초역세권이므로 군포 공단에서 이동해 오는 수요도 일부 있겠지만 안양시, 의왕시에서도 이동이 있으리라 짐작한다. 평당 1,400만 원대라는 인근 최고 분양가 때문에 실사용자에게나 투자자에게나 허들이 높을 수 있지만 군포시에서 대체할 수 없는 지식산업센터다.

군포시 제일 공단 대표 지식산업센터 위치

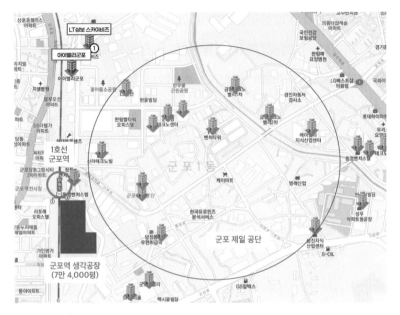

출처: 지식산업센터114

4호선
대표 지식산업센터 평 단가

이렇게 경기도 안양시에서 의왕시, 군포시에 이르는 지식산업센터 입지를 알아봤다. 서울시 동작구 사당에서 4호선을 탑승했다고 가정하고 정리해 보겠다. 비록 하루 안에 꼼꼼하게 임장을 돌지는 못하겠지만 4호선과 1호선 군포역을 이용하면 도보로 과천시에서 군포시까지 임장이 가능하다.

4호선을 타면 과천시로 들어간다. 정부청사역을 지나면 아직 개통되지 않는 지식정보타운역(가칭)이 있다. 역세권에 서울급의 평 단가를 가진 디테크타워 지식산업센터를 볼 수 있다.

그리고 다음 정거장인 인덕원역에서 내려 보자. 역 근처에 지식산업센터는 보이지 않지만 도보로 15분 떨어져 있는 안양시 관양동에 오비즈타워를 비롯한 지식산업센터를 볼 수 있다.

다음으로 차량으로 15분 정도 떨어진 의왕시 포일동에 인덕원IT밸리 지식산업센터가 있지만 차가 필요하므로 패스한다.

다시 전철을 타고 한 정거장을 가면 안양시 평촌역이 나온다. 평촌역에서 10분 거리에 안양시의 대장인 평촌하이필드를 만날 수 있고 인근 공업 지역에 다양한 연식의 지식산업센터를 만날 수 있다.

다음 역인 범계역에서 내리면 근처에는 지식산업센터가 없고 안양천 쪽을 바라보면 멀리 두 개의 빌딩이 보인다. 바로 에이스하이시티 범계와 안양아이에스BIZ센트럴 지식산업센터다.

다시 전철을 타고 한 정거장을 가면 GTX-C 환승역인 안양시 호계동 금정역이다. 역 바로 앞의 주상 복합 아파트인 힐스테이트를 끼고 차도로 나가면 지식산업센터가 모여 있다. SKV1 타운의 금정역 지식산업센터들이다.

금정역으로 돌아와서 4호선이 아닌 1호선으로 한 정거장을 가면 군포역이다. 군포역 2번 출구 바로 앞에는 군포역 생각공장 트리아츠의 모델 하우스와 부지를 볼 수 있다.

4호선 지식산업센터의 평 단가는 준서울급인 과천 지식 정보 타운

내 지식산업센터가 시세를 이끌고, 평촌역과 인덕원역은 비슷한 평 단가를 보인다. 금정역의 경우 기축들의 시세는 평촌보다 한 수 아래지만 최근 분양한 금정역 SKV1 3차 지식산업센터 분양가는 거의 평촌 수준까지 올라와 있다. 아래 도식에는 가장 유망한 지식산업센터 다섯 개만 정리했다.

4호선 대표 지식산업센터 평 단가

강남과 판교 접근성이 다했다 '용인시 수지구'

이번에는 신분당선 전철역을 중심으로 형성된 용인시와 수원시의 지식산업센터를 살펴보겠다. 먼저 용인이다. 공업 지역을 찾기 힘든 곳으로 오히려 주거 지역이 잘 발달한 입지다. 경부 고속 도로가 가로지르며, 신분당선을 타면 일자리가 풍부한 판교 테크노 밸리와 강남을 쉽게 오갈 수 있다. 경부 고속 도로의 신갈 IC와 가깝고 인근에 동수원 IC도 있어 교통도 편리한 입지다.

이 지역의 대표 지식산업센터는 동천역 근처의 분당수지유타워, 상현역 인근의 광교우미뉴브와 그 근방에 곧 지어질 시그니처광교 1, 2차다.

동천역 인근
입지 분석과 평 단가

첫째, 어떤 업무 지구일까? 이곳은 의료 및 정밀 과학 기기를 만드는 제조업이 발달했고 이와 관련한 장비 판매업이 발달했다. 또 IT 업체와 기업 연구소의 비율이 높은데 판교의 영향일 것으로 짐작한다.

둘째, 역세권이고 상권이 발달했을까? 신분당선이 지나는 동천역 코앞에는 분당수지유타워가 자리한다. 동천역 초역세권이고 경부고속 도로 동천역 환승 정류장과 인접해 전출과 버스 접근성이 우수하다. 이름에 '분당수지'가 들어간 이유도 신분당선을 타면 판교에는 10분, 강남에는 20분 정도면 도착할 수 있기 때문이다. 지식산업센터 주변에 그럴싸한 상권은 없지만 분당수지유타워 내에 상가가 상당히 형성돼 있어 직장인들이 이용하기에 적당하다.

셋째, 연면적은 어떨까? 분당수지유타워는 2016년에 지어진 연면적 3만 5,000평 규모의 큰 지식산업센터로 기숙사동도 포함한다.

넷째, 공실률은 어떨까? 동천역 근방의 회사는 분당수지유타워밖에 없다. 대기업과 스타트업이 밀집한 판교역 주변에도 지식산업센터가 없기 때문에 이곳으로 수요가 몰린다. 초역세권이어서 기숙사 오피스텔 임대 수요도 상당하다.

마지막으로 현재 평 단가는 1,800만 원대로 과천시의 지식산업센터와 유사하다(2022년 8월 기준). 이곳도 매매가 상승이 임대료 상승보다 월등하다. 현재 매매가 기준으로 월세 수익과 이자 비용이 비슷해서 월세 수익을 보기는 어렵다.

동천역 인근 지식산업센터 위치

출처: 지식산업센터114

상현역 인근
입지 분석과 평 단가

　주요 업종은 동천역 인근의 지식산업센터와 비슷하다. 상권은 어떨까? 상현동은 수원시 영통구에 걸친 주거지로 인기 좋은 광교 신도시 북쪽에 위치하며, 이 지역 지식산업센터는 상현역 앞의 광교상록자이를 비롯한 쾌적한 주거지와 좋은 상권을 공유한다. 특히 광교우미뉴브는 주위 상권도 우수하지만 광교우미뉴브 내 상권도 고급 쇼핑몰처럼 세련된 모습이다. 상현역과는 도보로 3분 거리고 연면적

3만 평의 대규모이며 2019년에 지어진 신축이다. 평 단가는 1,640만 원 수준이다(2022년 8월 기준). 동천역 분당수지유타워처럼 매매가 상승률이 월세보다 높아 지금은 월세 수익을 보기 어렵다.

새로운 정보를 덧붙이자면, 광교우미뉴브의 인기에 힘입어 인근에 시그니처광교 1차가 지어지는 중이며 2차도 평 단가 1,600만 원대로 계약이 이루어지고 있다(2022년 8월 기준). 단 시그니처광교는 상현역에서 도보로 10분 정도 걸려 평 단가는 광교우미뉴브가 앞설 것으로 보인다.

상현역 인근 지식산업센터 위치

출처: 지식산업센터114

삼성의 혜택을 받다
'수원시 영통구'

다음은 용인시 수지구 상현동과 인접한 수원시 영통구다. 광교 신도시의 호수 공원과 대부분의 주거지는 수원구 영통구 안에 있다. 상현역과 광교역 인근에 위치한 지식산업센터 이름에 모두 '광교'가 들어갈 만큼 이곳 지식산업센터는 같은 흐름으로 봐야 하는 입지다.

대표 지식산업센터로는 신분당선 광교역 인근의 에이스광교타워 1차와 동수원 톨게이트 근처의 에이스광교타워 3차를 포함한 네 곳이 있다. 이 지역 입지 분석을 마친 뒤에는 용인과 수원으로 이어지는 신분당선 지식산업센터 평 단가를 정리하겠다.

영통구
입지 분석과 평 단가

첫째, 어떤 업무 지구일까? 수원시 영통구에는 갤럭시 스마트폰을 개발하는 삼성전자 무선 사업부가 자리하고 인접한 용인시 기흥구에는 삼성전자 반도체 사업부가 있다. 따라서 삼성전자와 연관된 협력업체들의 연구소, 실험실이 많이 입주하고, 전자 부품 도소매업과 유통업이 입주한다.

둘째, 역세권이며 상권이 발달했을까? 이 지역에는 신분당선의 종점인 광교역이 위치한다. 광교역 남쪽으로는 경기대학교 대학가 상권이 크게 형성돼 있고 동쪽으로는 규모가 크지 않지만 있을 건 다 있을 만큼의 상권이 형성돼 있다. 이 상권 바로 옆에 에이스광교타워 1차가 있다. 광교역과 도보로 3분 정도 걸리는 역세권이다.

다만 광교역에서 경기대학교 캠퍼스 방향으로 보면 멀리 네 개의 지식산업센터가 보이는데, 도보 20분 넘게 걸려 역세권이라 할 수 없고 버스로 이동해야 하지만 동수원 톨게이트가 인근에 있어 물류 이동이 쉽다는 강점이 있다. 대표적으로 에이스광교타워 3차가 여기에 위치한다.

셋째, 연면적은 어떨까? 에이스광교타워 1차는 2016년에 지어진 연면적 1만 4,000평 규모의 지식산업센터다. 에이스광교타워 3차는 2018년에 지어졌으며 연면적은 1만 600평 정도다. 다른 지식산업센터도 보통 1만~2만 평이며 임차인들도 2018년과 2019년에 입주해 상품성이 비슷하다.

넷째, 공실률은 어떨까? 에이스광교타워 3차는 교통 편리성과 물류 이동이라는 강점 때문에 가성비 대비 수익률이 높아 투자로 수요가 많다. 상권은 취약하나 공실을 찾아보기는 힘들다.

마지막으로 평 단가는 에이스광교타워 1차와 에이스광교타워 3차가 1,200만 원대로 비슷하게 형성돼 있다.

영통구 대표 지식산업센터 위치

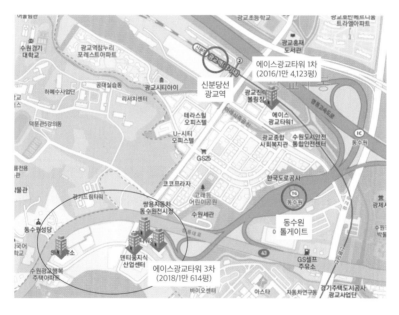

출처: 지식산업센터114

신분당선
대표 지식산업센터 평 단가

앞에서 과천시부터 군포 시가지까지는 4호선 전철을 이용했고, 용인시 수지구부터 광교 신도시가 있는 수원시 영통구까지는 신분당선이 다했다. 신분당선에 속한 지식산업센터의 평 단가 계산은 단순하다. 강남에서 출발해서 먼저 하차하는 순서대로 평 단가가 형성되어 있다. 동천역, 상현역, 광교역 순으로 유망한 지식산업센터 세 곳만 비교했다.

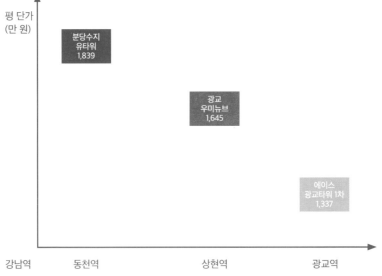

신분당선 대표 지식산업센터 평 단가

KTX로 일군 인프라 '광명시 일직동·소하동'

광명시 일직동과 소하동은 KTX 광명역이 만들어 준 입지다. 광명역이 개통되고 얼마 지나지 않아 광명시에 있는 지인의 집에 간 적이 있는데 비닐하우스만 본 기억이 있다. 하지만 지금은 이케아, 롯데 아울렛, 코스트코같이 굵직한 대형 쇼핑몰이 들어왔고, 주변에 신축 아파트가 즐비하다. 빈 땅에 그림을 그려서 쾌적하게 만든 셈이다. 2022년에 중앙대학교 광명병원이 개원하면서 주변에 번듯한 지식산업센터도 입주했다.

대표 지식산업센터로는 광명역 근처의 광명역M클러스터, GIDC, 자이타워, 소하 IC 인근의 광명G타워가 있다.

일직동·소하동
입지 분석

첫째, 어떤 업무 지구일까? 이 지역에는 특정 업종을 겨냥한 지식산업센터가 두 군데 있다. 바로 GIDC와 광명역M클러스터다. GIDC는 '광명 인터내셔널 디자인 클러스터Gwangmyeong International Design Cluster'의 약자다. 클러스터는 '연관 있는 산업의 업체가 한데 모여 시너지 효과를 도모하는 산업 단지'라는 뜻으로, GIDC는 제품 디자인, 인테리어, 시각 디자인, 패션 등의 업종을 우선시해 분양했다.

중앙대학교 광명병원 옆에 자리한 광명역M클러스터는 나노, 바이오 분야에 우선순위를 두었다. 따라서 광명역 부근 지식산업센터에는 이름과 연관한 업종이 대다수 입주할 것으로 보인다. 하지만 전매로 매입한 후 임대를 줄 때는 업종 제한을 두지 않는다. 소하동 지식산업센터는 인근에 기아자동차 소하리 공장이 있어서 관련 부품 업체와 연구소 등이 입주한다.

둘째, 역세권이고 상권이 발달했을까? 이 지역은 안양시, 서울시 금천구 가산 디지털 단지와 인접해 도시를 왕복하는 버스 노선이 잘 정리돼 있다. 또 광명역 주변으로 광명역 IC와 일직 IC가 있어 서해안 고속 도로, 제2 경인 고속 도로, 강남 순환로의 접근성이 좋아 교통이 편리하다. 출퇴근 시간에 교통 체증이 심하지만 강남 순환로를 타면 사당까지 20분, 양재까지 30분이면 도착할 수 있다. 유동 인구가 많아 상권도 발달한 편이다.

셋째, 연면적은 어떨까? KTX 광명역 동편에 있는 코스트코를 지나가면 8만 1,000평의 GIDC 지식산업센터를 볼 수 있다. 2022년에 지어진 광명역M클러스터는 2만 9,000평대 규모고, 소하동 광명G타워도 2022년에 지어진 신축으로 4만 7,000평대다.

넷째, 공실률은 어떨까? 입지만 보았을 때는 서울급이다. 최소한 과천 수준이라고 생각한다. 하지만 이곳에는 특별한 산업 단지가 없다. 가산 디지털 단지와 안양시 산업 단지에 낀 모습이다. 앞서 정리한 매력적인 입지 조건 덕분에 투자자가 유입되어 매매가가 상승했지만 임대 수요가 많지 않아서 월세가 낮다. 이런 상황에서 어마어마한 규모인 GIDC가 준공되어 입주 폭탄이 떨어졌으니, GIDC의 공실이 해소되기까지는 시간이 걸릴 것이고 그로 인해 주변 지식산업센터의 임대가도 느리게 상승하리라 예상한다.

평 단가는 얼마일까? 위에서 말했듯 GIDC의 입주율이 얼마나 빨리 상승하느냐에 따라 광명역 부근의 월세가와 매매가가 달라질 것이다. 현재 광명역 역세권인 GIDC는 평 단가 1,400만 원대다(2022년 8월 기준). 소하 IC와 인접한 광명G타워는 700만 원대를 형성한다. 평단가만 봐도 광명역 역세권의 매물 수요가 높은 것을 알 수 있다.

네이버 부동산에서 GIDC의 임대 매물을 조회해 보면 수백 개가 나온다. 입지적으로 매우 우수해 시세 차익형으로 접근할 수도 있지만 안양시보다 월세가 낮고, 금리가 오르는 시장이기 때문에 조심스럽게 접근해야 한다.

일직동(위)·소하동(아래) 대표 지식산업센터 위치

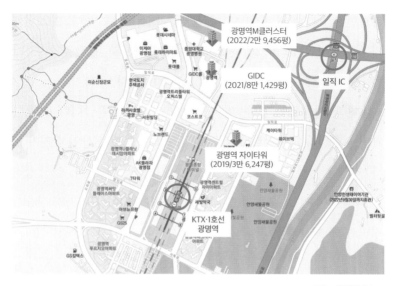

광명역M클러스터
(2022/2만 9,456평)

GIDC
(2021/8만 1,429평)

일직 IC

광명역 자이타워
(2019/3만 6,247평)

KTX·1호선
광명역

출처: 지식산업센터114

광명G타워
(2022/4만 7,319평)

광명 G타워

소하 1동

기아자동차 소하 공장

소하 IC

출처: 지식산업센터114

월세 수익이 나오는
황금 지식산업센터 입지

지금까지 이야기한 지식산업센터는 리스크가 크지 않은 좋은 투자처지만 아쉬움이 있다. 역레버리지가 발생해서 시세 차익형으로만 접근해야 하는 입지이기 때문이다. 분명히 월세 수익을 원하는 투자자도 있을 것이다.

다음으로는 앞서 설명한 지역보다는 입지 조건과 상품성이 떨어지지만 비교적 시세 상승 속도가 느리고 임대료가 높아서 월세 수익을 얻을 수 있는 수도권 지식산업센터를 소개하겠다. 개인적으로는 이 지역도 수요가 있어서 흐름이 오면 시세 차익 또한 노려 볼 수 있으리라 생각한다.

현금이 나오는
지식산업센터의 조건

현금이 나오는 지식산업센터는 앞에서 언급한 다섯 가지 조건은 당연히 갖추어야 한다. 여기에 추가로 월세 수익을 받기에 유리한 조건이 붙는다. 전용률이 높은, 즉 실사용 면적이 높은 곳이 유리하다. 매매가는 공급 면적 기준으로 정해지지만 임대료는 실제로 사용하는 면적인 전용 면적 기준으로 정해지기 때문이다. 베란다 같은 서비스 면적을 포함하는 코너 호실이 높은 임대료를 받을 수 있는 이유다. 참고로 보통은 연식이 오래될수록 실사용 면적, 전용 면적이 넓다. 최근 지식산업센터는 미팅 룸, 정원 같은 공용 면적을 넓히기에 각 호실의 전용 면적이 줄어들었다.

가장 중요한 것은 공실률이다. 안정적인 월세 수익을 얻으려면 최대 서울의 흐름이 닿는 지역에 위치한 지식산업센터여야 한다. 한 계선을 그으면 수원, 용인까지다. 용인 아래로는 동탄, 오산, 평택이 있지만 공급이 많고 인근에 일자리 수요가 크지 않아서 지금도 공실 리스크가 있고 공실률이 완화되려면 시간이 더 걸릴 것으로 생각한다. 그 외 지역에 투자를 하려면 임장을 통해 수요와 공실 리스크를 면밀히 분석해야 한다. 참고로 공실률은 투자사가 아닌 해당 호실을 실사용하는 비율이 높을수록 낮아진다.

요약하면 월세 수익 창출이 가능한 지식산업센터는 매매가 상승률과 임대료 상승률이 비슷한 곳, 높은 전용률로 높은 임대료를 받

을 수 있는 곳, 그리고 실사용하는 비율이 높고 임대 호실이 귀한 곳
이다. 다음 지역들은 이 같은 조건을 만족한다.

이 구역의 나 홀로 지식산업센터 '용인시 흥덕 택지 지구'

이 조건을 만족하는 지역이 바로 용인시의 흥덕 택지 지구다. 광교 신도시가 있는 용인시 수지구에서 광교 호수 공원 아래쪽에 흥덕 택지 지구가 있는데, 행정 구역상 용인시 기흥구다. 경부 고속 도로에서 수원신갈 IC에서 흥덕 택지 지구로 오는 길목에 지식산업센터가 있다. 흥덕 택지 지구의 대표 지식산업센터는 흥덕U타워다.

흥덕 택지 지구
입지 분석

첫째, 어떤 업무 지구이며, 상권은 얼마나 발달했을까? 이곳은 수원시 영통구와 인접해 전기 부품, 연구소 같은 업종이 입주한다. 주변에 전철역은 찾아볼 수 없지만 흥덕 IC와 인접해 버스, 자동차 이용이 편리한 입지다. 아파트 단지, 흥덕 중앙 공원과 맞닿아 있고 지식산업센터 내에 대형 상권이 발달해 주변의 부족한 상권을 메워 준다. 점심시간에는 직장인들로 꽉 차서 붐비는 모습을 볼 수 있다.

둘째, 연면적은 어떨까? 흥덕U타워는 2011년에 지어진 연면적 4만 1,000평의 큰 규모의 준신축으로 상품성 좋은 지식산업센터다.

셋째, 평 단가와 월세는 어떨까? 흥덕U타워의 평 단가는 560만 원대다(2022년 8월 기준). 분양가는 420만 원대로 약 10년간의 가격 상승률이 33% 수준이다. 80% 대출 금리 4%로 계산해 보면 수익률이 10% 수준이다. 즉 시세 상승이 느려서 비교적 임대료가 높다.

넷째, 공실률은 어떨까? 매매가 상승 폭이 작아서 '혹시 수요가 없는 게 아닐까?'라는 의문이 들었지만 공실률은 거의 0에 가깝다. 그럼 수요가 충분한데 왜 매매가가 안 올랐을까? 실사용자 비율에 답이 있다. 흥덕U타워는 투자자가 아닌 실사용자의 비율이 70% 이상인 지식산업센터다. 실사용 비율이 높으면 임대 호실의 비율이 작아져 공실이 될 확률이 낮아지고 임대 공급이 부족해져 임대료가 높아진다. 투자자가 유입해 매매가 활발하게 이루어져야만 매매가가 오르지만 이곳은 그렇지 못했다. 입지, 상품성은 그 이상이지만 저평가됐다고 생각한다.

참고로 용인시의 첨단 산업 단지에 위치한 기흥힉스유타워를 눈여겨보는 투자자가 있다면, 초보자에게는 추천하지 않는다. 기흥힉스유타워는 특이하게 지식산업센터, 아파트, 오피스텔의 세 개 동이 모여 있다. 수원신갈 IC와 가깝다는 장점은 있지만 주변에 상권도 없고 그렇다 할 강점은 찾을 수 없었다. 또 이곳은 용인시 도시 첨단 산업 단지 내에 자리하며 전자 부품, 컴퓨터, 의료, 정밀, 광학 기기 관련 업종이 입주해 사업체 입주 기준이 까다롭고 임대 사업이 원칙적으로 어려운 곳이라 추천하지 않는다.

흥덕 택지 지구 흥덕U타워 위치

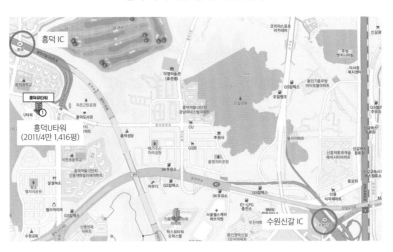

출처: 지식산업센터114

월세 수익률 11%
'수원시 영통구 망포역 인근'

수원시 영통구라고 하면 광교 신도시가 있는 이의동을 떠올리기 쉽지만 여기서 소개할 곳은 영통동의 수인분당선 망포역 근방이다. 이곳의 지식산업센터는 따로 흩어져 있으며 현재 건축 중인 곳도 있다. 대표 지식산업센터는 망포역 근처의 디지털엠파이어1이다.

망포역 인근
입지 분석

첫째, 업무 지구와 상권은 어떨까? 매탄동의 삼성전자와 5분 거리에 자리해 삼성전자 협력 업체의 연구소와 제조 설비가 입주한다.

상권은 망포역 주변으로 잘 형성돼 있다.

둘째, 연면적은 어떨까? 2006년에 지어진 구축으로 연면적 4만 7,000평의 대형 규모다.

셋째, 평 단가와 월세는 어떨까? 평 단가는 560만 원이다(2022년 8월 기준). 분양가는 300만 원대로 15년간 약 86%가 상승했지만, 2년 만에 80% 수준으로 상승한 수도권 주요 입지와 비교하면 상당히 느린 편이다. 디지털엠파이어1의 전용률은 60%다. 대출 80%, 금리 4%로 월세 수익률을 계산해 보면 무려 11%가 나온다.

넷째, 공실률은 어떨까? 이곳 또한 움직이지 않는 실사용자 비율이 높고 공실률은 0에 가깝고 매수 대기자도 많다.

망포역 인근 디지털엠파이어1 위치

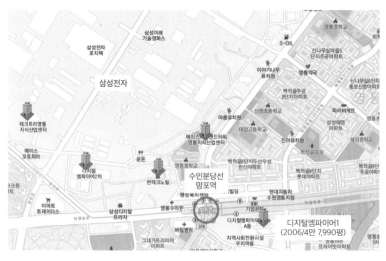

출처: 지식산업센터114

지금처럼 지속적으로 금리가 오르는 시기에는 시세 차익 투자가 좋더라도 대출 이자가 높아 부담스럽다. 이런 상황에서 오히려 월세 수익이 나는 지식산업센터를 찾는다면 지속적인 현금 흐름을 창출할 수 있고, 부동산 투자 실력도 향상될 것이다.

이런 입지들은 전국에 분명 있다. 하지만 찾기 쉽지 않고 많은 발품이 필요하다. 그리고 찾았더라도 할지라도 매물이 없을 경우도 있을 것이다. 하지만 절대 시장에 나오지 않을 것으로 예상한 매물도 시간이 지나면 나오곤 했다. 운일 수도 있지만 운도 실력이라는 말을 믿는다. 일단 부동산에 노크를 하고 들어가자. 계속 두드리다 보면 하나 정도는 좋은 물건이 걸려든다.

황금 입지의
실제 수익률은?

부동산 투자를 하면서 직장에서 배운 엑셀 다루는 기술이 큰 도움이 됐다. 엑셀 등 스프레드 시트를 활용하면 자산 관리뿐 아니라 투자 수익률 계산을 할 때 유용하다. 편한 자산 관리를 하고 싶다면 적어도 사칙연산 수식을 다루는 정도까지 알면 좋다. 그래프까지 만들 줄 알면 더 좋다. 아파트 투자도, 지식산업센터 투자도, 주식 투자도 엑셀을 이용해서 관리해 보자. 임장을 통해서 얻은 정보를 엑셀로 정리해 놓으면 한눈에 수익률을 비교할 수 있을 뿐 아니라 과거부터 지금까지의 수익률 흐름도 볼 수 있다. 추가 예상 수익률을 계산해서 매도 시기에 대한 전략도 세울 수 있다.

실제 수익률을 계산해 보자

다음은 2020년 1월에 실제로 매수한 성수동 지식산업센터의 월세 수익률 표다.

2020년 매수 당시 예상 월세 수익률

	비용(단위: 만 원)	비율(단위: %)	비고
공급 면적	30.08		
공급 면적/전용률	15.04	50.00	전용 면적 비율 (일반적으로 50%)
매매가	59,000		
평 단가	1,961		매매가/공급 면적
보증금	1,500		
월세	150		
공급 면적 기준 월세	49,867		월 단위
무대출 수익률		**3.13**	**1년 단위**
대출 한도/한도 %	44,250	75.00	
대출 금리		2.30	
대출 이자	85		월 단위
월 실수령액	**65**		
실투자금	14,750		부대 비용과 보증금은 제외함
대출 수익률		5.30	
취득세/세율	2,714	4.60	취득세 4.6%
중개료/요율	531	0.90	중개료 0.9%
최종 실투자금	16,495		
부가 가치세/%	3,540	6.00	건물분 부가 가치세 (매물마다 다름)
최종 필요 자금	**20,035**		**실투자금 + 부가 가치세**
최종 수익률		**4.74**	**1년 단위**

2020년 매수 당시 예상 시세 차익 수익률

	비용(단위: 만 원)	비율(단위: %)	비고
시세 상승률		20.00	예상치
상승 평 단가	2,354		
시세 상승분	11,800		
매도 금액	70,800		
양도세율		39	양도 차익에 따라 달라짐
회수금	21,948		
시세 상승 예상 기간		24	개월 수
개월간 월세	1,565		
총 회수 금액	23,513		
최종 예상 수익률		142.54	

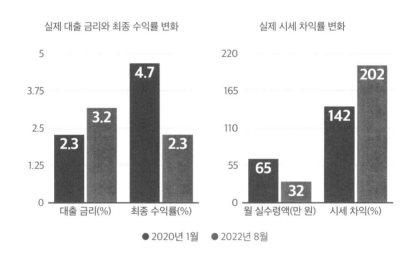

실제 대출 금리와 최종 수익률 변화

실제 시세 차익률 변화

● 2020년 1월   ● 2022년 8월

    수익률을 계산할 때는 먼저 월세 수익률을 확인해서 이 매물을 월세 수익형으로 접근할 것인지 시세 차익형으로 접근할 것인지 판단해야 한다. 월세 수익형이라면 향후 금리 상승을 예측해서 월 실수령액의 변화를 계산해 보고, 시세 차익형이라고 하면 향후 2년, 4년 후의 상승률을 예측해서 수익률을 계산해 보자.

먼저 예상 월세 수익률 표를 보자. 많은 항목이 있지만 투자 결정을 할 때 필요한 항목은 세 가지다. 첫째는 무대출 수익률로, 이는 대출 없이 매수했을 때의 수익률이다. 무대출 수익률은 금리와 연관 있는 지표다. 무대출 수익률이 금리보다 클 경우에는 대출 한도가 크면 클수록 최종 수익률이 올라간다. 반대 경우에는 최종 수익률이 낮아진다. 즉 무대출 수익률을 보면 현재 금리와 비교해서 레버리지가 순방향인지 역방향인지를 쉽게 알 수 있다. 수익률 표를 보면 무대출 수익률이 3.13%, 그 당시 대출 금리가 2.30%이므로 대출 한도를 늘릴수록 수익률이 높아지는 구조니 최대한 대출 한도를 늘리려고 노력해야 한다.

둘째는 매월 내 손에 쥐어지는 현금인 실수령액으로, 월세에서 대출 이자를 뺀 금액이다. 위에서 이야기했듯이 역레버리지 방향이면 마이너스 수익률이 발생한다. 역레버리지면 임차인에게 월세를 받고 있지만 나도 은행에게 월세 정도의 대출 이자를 내야만 지식산업센터를 보유할 수 있다. 앞의 왼쪽 도식을 보면 대출 금리가 매수 당시 2.3%에서 현재 3.2%로 올라감에 따라 2020년에 65만 원이었던 실수령액이 현재는 35만 원으로 줄어들었다.

임대료를 정할 때는 주의할 점이 하나 있다. 신규로 임대인을 구할 경우, 부동산 소장님이 "평당 3만 원이면 될까요?"라는 질문을 할 것이다. 이 말에 어리둥절해하지 말자. 우리는 보통 월세 단위로 이야기하지만 부동산 중개인은 평당 월세를 이야기하는 경우가 있다. 소장님이 말하는 월세는 바로 공급 면적당 월세다. 평당 3만 원이고 공급 면적이 50평이라면 월세는 150만 원이 된다.

셋째는 최종 수익률이다. 최종 수익률은 매매가에서 대출과 보증금, 취득세 같은 부대 비용을 제외한 최종 실투자금에 대한 월세 수익이다. 최종 수익률은 월세 수익을 원하는 지식산업센터 투자자들의 투자 결정에 중요하게 작용하는 포인트다. 실제 대출 금리와 최종 수익률 변화를 정리한 도식을 보면 매수 당시에는 최종 수익률이 4.7%였으나 현재 금리 상승으로 인해 2.3%로 줄어들었음을 확인할 수 있다. 즉 월세 수익이 줄었다는 이야기다.

그렇다면 이제 시세 차익을 살펴보자. 시세 차익은 얼마나 발생했을까? 매수 당시 예상 수익률을 정리한 표에서 최종 예상 수익률은 실투자금에 대한 상승률을 말한다. 예를 들어 지식산업센터를 실투자금 1억 원으로 매수했다고 치자. 매도 시 내 손에 들어오는 회수금이 2억 원이라고 하면 상승률은 200%다. 표에서 알 수 있듯이 매수 당시에는 2년간 평 단가 상승률을 보수적으로 20%로 예상해서 최종 예상 수익률을 투자금의 약 140% 상승까지 기대했다.

그런데 앞 페이지의 실제 시세 차익률을 정리한 도식을 살펴보자. 실제로 1년 6개월이 지난 지금은 그보다 높이, 200% 가까이 상승했음을 알 수 있다. 즉 지금 매도를 해도 실투자금만큼 추가 수익을 낼 수 있다는 의미다. 만약 수익률 표에 현재 매매가를 시세로 반영해 계산했다면 최종 수익률은 마이너스가 됐을 것이다. 결국 서울 성수동에 지식산업센터는 시세 차익형으로 접근해야 된다는 것을 이 표에서도 알 수 있다.

앞에서도 언급했지만 주요 입지의 매물은 시세 차익으로 많이 옮겨 왔다. 이 부분은 인정하고 투자에 임해야 한다. 하지만 아직 월세 수익이 10%가 나오는 지식산업센터도 있다. 충분한 임장을 통해서 좋은 지식산업센터 보는 눈을 기르자.

월세 수익형과 시세 차익형을 가르는 지표

앞의 사례에서 알 수 있듯이 최종 수익률을 비교하면 투자 방법을 월세 수익에서 시세 차익으로 바꾸어야 할 지점이 보인다. 어느 수준의 입지와 상품성을 가져야 월세 수익이 날지 가늠할 수 있고, 투자자는 이를 통해 월세 수익형으로 투자할지 시세 차익형으로 투자할지 선택하면 된다.

예시를 몇 가지 더 살펴보면 확실히 이해할 수 있다. 다음은 서울의 주요 입지인 성수동, 문정동, 영등포구와 경기도 대표 입지인 안양시, 경기도 외곽인 수원시 영통구와 용인시 기흥구의 지식산업센터 월세 수익률을 비교한 그래프다. 파란 박스에는 평 단가를, 붉은 박스에는 수익률을 적었다. 금리를 4% 수준이라고 가정했을 때 영등포와 안양은 대출 이자와 임대료가 거의 같아 월세 수익률이 0%에 가깝다. 재산세와 종합 소득세까지 고려하면 수익률은 마이너스일 것이다.

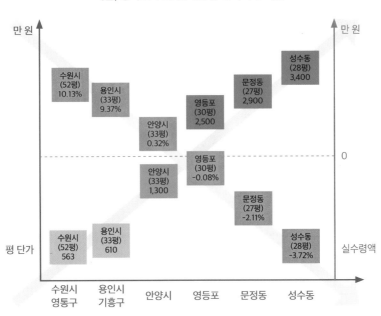

서울, 경기도 주요 입지별 평 단가와 수익률

다음으로는 가산 디지털 단지에 위치해 입지는 비슷하지만 연식이 다른 지식산업센터들의 상품성과 월세 수익률을 비교했다. 파란 박스에는 평 단가를 적었고, 붉은 박스에는 수익률을 적었다. 신축일수록 평 단가가 순차적으로 올라가는 모습을 확인할 수 있지만 월세는 그렇지 않다. 오히려 구축일수록 전용 면적이 커져, 즉 전용률이 높아져 월세 수익에 유리하다. 일반적으로 신축 지식산업센터보다

2000년대 초반에 지어진 지식산업센터의 전용률이 높기 때문이다.

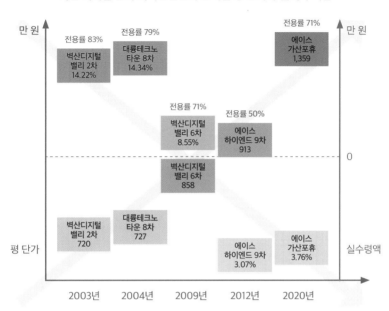

가산 디지털 단지 지식산업센터 연식별 평 단가와 월세 수익률

요약하면 평 단가는 입지별, 연식별로 순차적으로 변화하고 월세
는 구축일수록 전용률이 높아져 월세 수익률이 커진다. 전용률이 월
세 수익에 영향을 미치는 큰 요인이기는 하지만 연면적 같은 상품성
과 미세한 입지 차이도 고려해야 한다는 점을 잊지 말아야 한다.

매매가가 오르는 상승장에서는 시세 차익이 월세 수익보다 커서
욕심이 난다. 그럼 월세 수익이 높은 입지에서 시세 차익의 리스크
가 있지 않을까? 시간 리스크라고 생각한다. 수원시 영통구, 용인시

기흥구에 위치한 지식산업센터는 흐름이 진행 중이며 지속적으로 상승하고 있다. 하지만 상승 기울기가 클지, 즉 단기간에 상승할지는 알 수 없다. 이는 운의 영역이다. 다만 서울과 경기도 주요 입지만큼 단기간에 상승할 수는 없어도 저평가됐다고 생각하며, 2~4년 뒤를 보면 시세 차익으로도 매력적인 투자처라고 본다. 투자자라면 공감하겠지만 시간은 참 빠르다.

지식산업센터 투자, 앞으로의 전망은?

지금까지 수도권의 여러 지식산업센터 입지를 살폈다. 그럼에도 이런 의문이 들 수 있다. '매매가가 월세보다 많이 상승해서 역레버리지가 발생했고 수익률을 바라보기 힘든 구조인데, 사도 될까?' 당연한 우려지만 이에 대한 확답을 주기는 어렵다. 아무리 예측을 하더라도 실제 어떻게 변화할지는 신의 영역이기 때문이다.

그래도 과거부터 현재까지 집약된 데이터를 보면 어느 정도 짐작할 수는 있다. 이번에는 향후 지식산업센터 투자 시장이 어떻게 움직일지 분석해 보겠다.

경쟁 종목을 보면
흐름을 읽을 수 있다

앞으로 지식산업센터의 매매가는 얼마나 오를까? 아래는 수도권 주요 입지에 위치한 지식산업센터의 실거래 평 단가 변화를 나타낸 그래프다. 평 단가는 2019년 이후 지속적으로 상승하고 있지만 작년 중반 이후로는 기울기가 완만해졌다. 마이너스 수익률이 허들로 작용했고 금리가 지속적으로 오르고 있기 때문이다. 최근에는 종종 급매도 나오는 상황이다.

입지별 지식산업센터 실거래 평 단가 변화

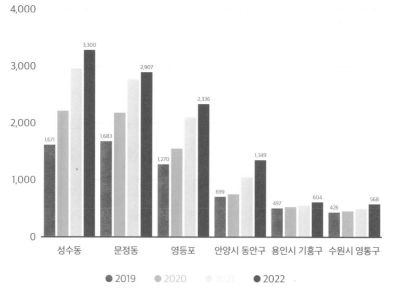

출처: 디스코

매매가 상승 정도를 더 구체적으로 알아보는 가장 쉬운 방법은 바로 경쟁 종목의 변화를 살피는 것이다. 부동산은 비교 학문이라 경쟁 상대의 상승률을 따라가려는 경향이 있기 때문이다. 지식산업센터의 경쟁 종목은 무엇일까? 바로 꼬마 빌딩이다. 꼬마 빌딩은 연면적 170평 정도, 지상 5층, 엘리베이터 1대가 있는 상가 건물을 의미한다.

꼬마 빌딩이 경쟁 종목인 이유는 사업체의 오피스가 꼬마 빌딩 아니면 지식산업센터에 입주할 수 있기 때문이다. 아파트끼리 서로 영향을 주고받으면서 평 단가가 비슷하게 흘러가는 입지가 있듯 지식산업센터는 꼬마 빌딩과 영향을 주고받는다. 다음 그래프는 성수동에 위치한 꼬마 빌딩과 지식산업센터(서울숲포휴)의 시세 변화다.

성수동 꼬마 빌딩과 지식산업센터 평 단가

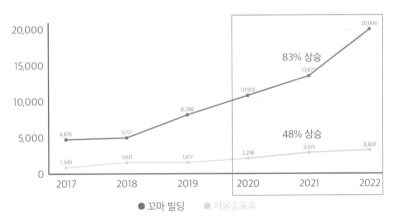

출처: 빌사남

최근 꼬마 빌딩과 지식산업센터의 시세는 모두 급등했다. 지식산업센터의 상승률은 48%로 많이 상승했지만 83%나 오른 꼬마 빌딩 상승률에는 아직 미치지 못한다. 이를 비추어 봤을 때 성수동에 오피스를 실사용하려는 사업자는 꼬마 빌딩보다 지식산업센터를 선택할 가능성이 높다. 임차를 구하려는 사업자도 마찬가지다.

매매가와 금리 상승은 월세 상승을 부추긴다. 따라서 지식산업센터와 꼬마 빌딩은 연 5%만 올릴 수 있는 〈상가 임대차 보호법〉의 상한선이 월세 상승을 막고 있지만 새로운 임차인을 맞출 때는 꼬마 빌딩의 월세 상승이 더 높으리라고 생각한다. 그런 측면에서는 지식산업센터로 유입되는 수요가 많아져 아직도 상승할 여력이 있다고 판단한다.

믿음과 꾸준한 투자는 배신하지 않는다

이렇게 이야기했지만 냉정하게 이야기하면 미래의 일은 알 수 없다. 부동산 혹은 주식 투자 전문가들이 이렇다 하는 예측을 하지만 결과가 다른 경우도 많다. 확신할 수 없다. 투자는 원래 그런 것이다. 그럼 어떻게 해야 할까?

최근 건강을 위해 다이어트를 하며 체중 변화를 기록했다. 다이어트를 하는 사람이라면 대부분 공감할 테지만 체중 감량은 어렵다. 샐러드를 먹어도, 음식을 남겨도, 특별히 잘못하지 않았는데도 어느 날 몸무게가 늘어날 때도 있다. 그때마다 포기해야 할까? 다른 방법을 찾아야 한다. 다른 방법이 생각나지 않을 때는 계속 꾸준히 해 보는 수밖에 없다. 체중이 매일매일 요동치더라도 체중이 줄어들 것으로 확신하고 꾸준히 행동하면 마지막에는 효과를 본다. 내 체중도 오르락내리락하면서 원하는 방향으로 향하고 있다.

투자도 마찬가지다. 지속해서 우상향하길 바라지만 그렇지 않다. 위아래로 흔들린다. 그때마다 일희일비하기보다 해야 하는 중요한 일이 있다. 바로 두려움을 이기는 것이다. 지식산업센터를 매수하기 직전 혹은 매수하고 난 직후에는 두려움이 크고 고민도 많을 것이다. '혹시 꼭지에 산 것이 아닐까?', '무리해서 대출을 받았을까?' 걱정하는 두려움 말이다. 불안과 두려움은 결국 조급함을 만들어 낸다. 이를 이기지 못하면 일시적으로 시세가 하락하는 상황이 되면 어쩔 줄 모르고 초조해진다.

다이어트를 하면서 몸무게가 올라가자마자 불안해할 것인가, 인내심을 가질 것인가는 결국 나에게 달려 있다. 투자를 진행했으면 당시의 내 결정을 존중해야 한다. 믿고 기다려 봐야 한다. 상승하지 않을 수도, 예측이 틀릴 수도 있다. 하지만 돈의 가치가 떨어지는 환경에서도 마지막에는 우상향한다는 믿음과 느긋하게 기다리는 용기가 필요하다.

물론 그렇다고 마냥 기다릴 수는 없다. 마냥 기다려서도 안 된다. 다이어트를 하는데도 몸무게가 줄지 않으면 다른 방법을 시도하듯 투자를 할 때도 변화가 필요하다. 만약 매수한 지식산업센터 시장이 좋지 않아 공실이 되고 매매가도 하락한다면 다른 투자처를 찾아야 한다. 단 이때 매도를 우선순위로 가져가서는 안 된다. 상가나 주식도 좋고, 코인도 괜찮다. 종목을 불사하고 더 좋은 수익률이 나는 투자처를 찾았다면 기존에 투자는 손해를 보더라도 매도하는 용기가 필요하다.

많은 초보 투자자가 '공실 리스크는 1년 이상으로 생각하자'고 결심해도, 3개월이 지나면 초조해하며 결정을 의심한다. 그럴 때는 더 좋은 투자처를 찾아보자. 하지만 찾은 투자처가 더 좋지 않다면 이전의 내 결정을 믿고 기다리는 것도 좋은 방법이다. 세상의 흐름에 '휩쓸리는' 사람이 라니라 세상의 흐름을 '만드는' 사람이 되자.

5장

늦깎이
왕초보 투자자가
투자로
성공한 비결

: 부자를 향한 일곱 가지 마인드 셋

노 머니, 노 라이프
(No Money, No Life)

인간은 이기적인 동물이다. '이기적'이란 자기 자신의 이익만 꾀한다는 의미다. 이기적인 성향은 본능이기에 먼저 인정해야 한다. 사업은 사업체로 향해 있지만 결국 개인으로, 우리가 하는 모든 투자는 나를 향해 있다. 우리는 왜 학창 시절에 놀고 싶은 자유를 억누르면서 공부했을까? 왜 직장인이 돼서는 소비 충동을 참으면서 어려운 투자 공부를 할까? 바로 나를 위해서다. 우리는 이기적인 본능을 가진 인간에게 최적화된 세상을 살고 있다. 파이가 커지는 세상, 바로 자본주의 시대다.

자본주의에서는
부자만이 살아남는다

자본주의에는 단순하지만 강력한 법칙이 하나 있다. 이를 설명하기 위해 예를 들어 보겠다. 빵을 만드는 제빵사가 있다. 돈과 시간을 들여서 제빵 기술을 익히고 마케팅을 하면서 맛있는 빵을 제공한다. 이 행위는 누구를 위한 것일까? 우리는 맛있는 빵을 먹으면서 이런 빵을 만들어 준 제빵사가 대단하다고 생각할 수도, 고마워할 수도 있다. 빵을 좋아하는 사람이 하나둘 늘어나면 제빵사는 돈방석에 앉는다. 반면에 트렌드를 따라가지 못하는 제빵사는 망해 버린다. 부자가 된 제빵사는 가게를 확장하고 더욱더 맛있는 빵을 만들기 위해 연구할 것이다. 망한 제빵사는 다른 일을 찾거나 가난으로 생존의 위협을 받을 수도 있다. 잘나가는 제빵사는 부자가 되고 그렇지 않은 제빵사는 가난해진다. 이것이 바로 자본주의의 법칙이다. 부자가 되려 노력하지 않으면 언젠가 가난이 찾아온다는 것이다.

현재 대한민국은 선진국 계열에 올라섰다. 경제 성장률은 완만하고 안정적으로 상승하는 중이다. 즉 우리나라의 파이는 이미 커져 버렸고, 파이가 더 커지는 속도는 느리다는 뜻이다. 100만 원짜리 파이가 10% 커지는 것과 1억 원짜리 파이가 2% 커지는 것의 차이를 이해하자. 경제 성장률이 안정됐더라도 커지는 파이의 속도에 최소한 뒤처지지 않을 방법은 알고 있어야 한다.

사실 자본주의에서 살아남는 방법, 더 나아가 부자가 되는 방법은 고등학교 경제 교과서에 나와 있다. 혹시 생산의 3요소를 기억하는가? 토지, 노동, 자본이다. 토지는 부동산이며 노동은 근로 소득, 자본은 주식 같은 금융 소득이다. 이 중 하나라도 갖고 있으면 자본주의에서 생존할 수 있다는 뜻이다. 만약 이 세 가지를 모두 갖고 있다면? 부자로 향하는 여정에 엄청난 가속도가 붙을 것이다.

직장인이라면 근로 소득이 있기에 생존은 확보했을 것이다. 우리가 먼 옛날에 살았다면 생존이 보장되었을 때 돈 모으기를 멈췄을 것이다. 모든 인간이 그러했기 때문이다. 지금은 그렇지 않다. 자본주의는 멈추지 않는다. 내가 멈춘다면 나만 멈춘 것이다. 물론 멈추더라도 먹고사는 데 지장이 없을 수 있다. 하지만 자본주의에서 생존의 범위는 단순히 먹고사는 문제를 벗어나 행복을 추구한다. 기본값이 너무 커져 버렸다.

그럼 행복은 무엇일까? 정말 어려운 질문이지만 내가 생각하는 행복은 자아 실현의 단계에서 온다. 즉 우리는 자유롭게 하고 싶은 일을 할 때 행복을 누릴 수 있다. 슬프게도 자본주의에서 자유는 돈의 규모와 관련이 있다. "돈이 많다고 해서 반드시 행복하지는 않다"라는 말은 익히 들었을 것이다. 하지만 돈은 선택의 자유를 준다. 선택의 자유를 쟁취해 생존하는 시점, 바로 그때가 자본주의 속도를 추월해 부자가 되는 순간이다.

정리하면 자본주의에서 부자란 제약을 받지 않고 자유롭게 선택할 수 있는 사람들이다. 그래서인지 우리는 이제껏 부자를 욕심이 많고 남의 뒤통수를 치는 부정적인 모습으로 접했다. 관점을 달리하면 부자는 돈으로 움직이는 세상에서는 돈을 사용하는 방법을 터득한 사람이다. 돈이 많으면 좋고, 적으면 그것만 바라볼 수밖에 없다는 사실을 깨달은 사람이다.

우리가 부자가 되기 위해 자본주의의 속도를 잘 따라가고 있는지 살펴보자. 40년 전 압구정 현대 아파트의 40평 분양가는 1,200만 원이었고 국회 의원의 월급은 87만 원이었다. 지금의 분양가는 46억 원 정도고 국회 의원 월급은 1,000만 원이 넘는다. 세상의 속도보다 우리의 속도가 빠르면 부자가 되고 그렇지 않으면 가난으로 간다고 했다. 당신은 이 속도에 맞춰 순조롭게 부자가 되고 있는가?

나를 위해 부자가 될 것, 투자 비용을 아까워하지 말 것

부자가 되려면 반드시 갖춰야 할 마음가짐이 있다. 첫째는 바로 나를 위해 부자가 되겠다고 생각하는 것이다. 다른 사람을 위해 부자가 되겠다는 생각은 도움이 되지 않는다. 바로 앞에서 예시로 들었던 제빵사도 마찬가지다. 제빵사가 우리에게 맛있는 빵을 제공하는 그 과정은 결국 수익화 과정이었다. 제빵사는 자신을 위해 일을 하고, 돈을 벌고, 경제적 자유를 이룬다. 이처럼 부자는 자신이 돈을 벌고 행복하게 살고 싶다는 욕망에 솔직한 사람이다.

종종 경제적 목표를 달성하지 못한 상황에서 가족의 미래를 함께 책임지려는 사람이 있다. 하지만 자금이 부족한 상황에서 가족 혹은 자녀를 위해 감당할 수 없는 투자를 하거나 증여를 하는 것은 자본주의에서 브레이크를 밟는 행위다. 조심스러운 이야기지만 자본이 충분하지 않은 상태에서 자본을 분배하면 함께 아래로 내려갈 수도 있다. 심지어 투자에 실패한다면 자신의 선택이었음에도 가족을 원망할 수도 있다. 처음 투자할 때부터 나에게 부자가 되려는 이유를 두지 않으면 무리한 목표를 설정하게 되고, 투자를 할 때 조급해질 수 있다.

나를 위한 투자와 타인을 위한 투자는 지속성도 다르다. 공부로 예시를 들어 보겠다. 자신의 미래를 위해 누가 시키지 않아도 스스로 공부하는 학생과 부모님이 시켜서 공부하는 학생이 있다. 과연 둘 중에 누가 더 지속적으로 즐겁게 공부를 할까? 당연히 스스로를 위해 공부하는 학생이다. 다른 사람 때문에 공부를 하는 학생은 공부를 하는 목적과 이유를 모르기에 곧 흥미를 잃어버릴 가능성이 크다.

투자도 마찬가지다. 스스로를 위해 내가 할 수 있는 만큼의 투자를 하자. 다른 사람을 위한 투자는 자본주의 세상에서 위로 올라간 후, 즉 부자가 된 뒤에 해도 늦지 않다. 일단 부자가 돼야 여유도 베풀 수도 있다.

둘째는 바로 부자가 되기 위해 들여야 하는 비용을 아까워하지 말라는 것이다. 부자가 되려면 어쩔 수 없이 들어야 하는 비용이 있다. 간단한 이야기다. 우리나라 학생들은 왜 명문대에 가려고 할까?

SKY 대학을 졸업하면 인생이 달라지나? 인정하자. SKY를 졸업하면 최소한 평균 이상의 삶을 살아갈 수 있다. SKY에서 진행하는 교육 방법이 다른 대학에 비해 독창적인 것도 아닌데 왜 그럴까? 결국 SKY에 다닌 학생들이 뛰어나다는 뜻이다. 서론이 길었지만 핵심 질문은 이것이다. 이 학생들은 왜 뛰어날까?

SKY에 입학한 학생들은 아마 초중고 시절에 다른 친구보다 공부에 더 많은 시간을 투자했을 것이다. 과외를 받거나 학원에 꾸준히 다녔을 수 있다. 즉 많은 시간과 돈을 투자했다는 것이다. 큰 비용에 대한 대가가 SKY 대학이다. 졸업 후 의사나 변호사, 고위직 공무원, 대기업 직원이 되는 것도 과거 속의 우리가 투자한 비용이 낳은 최종 대가다.

비용의 중요성을 강조하고 싶다. 근로 소득에서 부동산 투자 혹은 금융 소득과 같은 주식 투자를 추가하려면 비용을 들여야 한다. 우리는 소비를 그토록 억누르면서 다른 생산 요소를 갖기 위해 많은 비용을 투자해야 한다는 말이다. 좋은 대학교를 가는 것처럼 학습의 시간, 강의, 책같이 압도적인 비용을 들이면 반드시 대가는 따라온다. 바로 경제적 자유라는 대가 말이다.

등잔 밑에
가장 저평가된 자산이 있다

부동산, 주식, 금, 달러, 가상 화폐 등은 우리가 자산이라고 부르는 재화다. 이 중 가장 저평가된 자산은 무엇일까? 정답은 여기에 없다. 바로 이 모든 종목을 아우를 수 있는 '책'이다. 책을 가까이 하면 돈이 들어온다. 뜬구름 잡는 말이라는 것도 인정한다. 그래서 책 이야기를 하려면 멈칫한다. 하지만 모든 세상의 이치는 책 안에 녹아 있다. 책 속에는 돈이 껴 있지 않지만 돈 버는 방법이 글로 적혀 있다.

책은 세상의 모든 재화 중에 가장 저평가된 자산이다. 이미 운명을 달리한 대단한 위인들, 철학자, 정치가, 과학자들은 책 속에 살아 있다. 그뿐만 아니라 현재 성공한 위치에 있는 사람들의 이야기도 담겨 있다. 여기서 의문이 생긴다. 남들보다 앞서간 사람, 성공한 사람들은 왜 책을 통해서 이야기를 할까? 순수하게 알려 주고 싶기 때문이다. 기여고 나눔이다. 혹시 자녀들에게 무언가를 알려 주거나 혹은 과외를 해 준 적이 있는가? 누군가가 내 이야기를 듣고 변화하는 모습을 보면 뿌듯하다. 그들은 바로 그 감정으로 책을 쓴다.

부자들의 실패에서
레버리지를 쌓아라

지금은 다양한 책을 읽는 편이지만 변화의 구간에서는 자기 계발서를 주로 읽었다. 책을 읽다 보면 저자의 감정이 느껴진다. 자기 계발서에서는 비슷한 맥락이 보인다. 모든 사람은 무조건 실패를 경험한다는 것이다. 지금 한창 잘나가는 자수성가한 사람들도 위기를 겪었고, 아무것도 아닐 때가 있었고, 포기하고 멈춘 때가 있었다. 그럼에도 다시 성장할 수밖에 없는 환경을 만들었고 혹은 반강제적으로 성장할 수밖에 없는 상황이 만들어졌다.

혹시 정신과 상담을 받아 본 적 있는가? 나는 5년간 정신과 상담을 받았다. 정신과 의사는 항상 내 이야기를 들어 주고 좋은 이야기를 해 준다. 하지만 솔루션을 주지는 않는다. 공감해 주는 이야기일 뿐이다. 나는 내 고민을 대부분의 사람이 가졌다는 것에 위로를 얻는다. 공감을 받기 시작하면 우리의 마음은 평온해진다. 수치로 표현하면 마이너스에서 0으로 올라온다. 즉 다시 시작할 수 있는 환경이 된다.

이렇게 다시 시작할 수 있는 용기가 생기는 이유는 인간의 감정이 상대적이기 때문이다. 예를 들어 보겠다. 버스를 타고 가고 있는데 다른 차와 접촉 사고가 발생했다. 순간 중심을 잃고 넘어지면서 발목을 삐었다. 주위를 살펴보니 나 혼자만 다쳤다. 이 경우에는 우울해하면서 병원으로 갈 것이다. 하지만 나뿐 아니라 모두가 다쳤다면 이 정도 다친 것에 그쳐서 다행이라고 생각할 것이다.

공감이 책 안에 쓰여 있다. 저자들의 글에서 경험을 레버리지할 수 있다. 현재 나보다 더 안 좋은 환경에서 그들은 다시 일어날 수 있었다. 아무리 내 삶이 불행한 마이너스 상태라도 책을 읽어서 다시 0으로 만들 수 있다. 다시 일어날 수 있었던 마음가짐과 솔루션을 배울 수 있다. 단지 1만~2만 원 정도의 돈으로 10만 원 이상의 정신건강 의학과 상담보다 더 많은 경험을 얻을 수 있다.

그렇다고 책을 읽는 것에만 집중하면 안 된다. 나 역시 도장 깨기 하듯 다독에만 몰두한 적이 있다. 다독한다는 것을 누군가에게 은근히 자랑하고 싶은 마음도 있겠지만 본질을 흐리지 말자. 책을 읽는 목적을 생각해 보자. 우리는 책에서 유용한 정보를 하나라도 더 얻어 가려고 독서를 한다. 더 나아가 책에서 배운 내용을 토대로 삶을 바꾸기 위해 독서를 한다.

변화하려면 책 내용을 머릿속에만 담아 두면 안 된다. 실천이 필요하다. 실천을 하려면 행동해야 한다. '일독일행'이라는 말이 있다.

한 권의 독서에서 얻은 한 가지를 실행해 보라는 의미다. 아주 사소한 것이라도 딱 하나만 행동하자. 물론 하나의 행동도 어려울 수 있다. 책 속의 많은 이야기 중 무엇을 행동으로 옮겨야 할지 고민도 할 것이다.

그렇다면 느리더라도 책을 정독해 행동으로 옮길 만한 내용을 정리하자. 책 속의 주인공을 나로 바꿔서 생각해 보면 된다. '나라면 이 상황에서 어떻게 했을까?', '나라면 어떤 생각이 들었을까?', '나는 어떤 상황이지?'라는 질문을 스스로에게 던지며 3인칭 관점에서 책을 읽다 보면 내가 무엇을 해야 할지 자연스럽게 정리가 된다.

정리를 해도 머릿속에만 두면 그 내용은 사라진다. 휘발하는 기억을 잡는 좋은 방법은 기록이다. 어디든 적어 놓자. SNS를 이용해도 좋다. 적기 시작하면 머릿속에 어지럽게 흩어졌던 정보들이 또렷해진다.

책을 1년에 한 권도 읽지 않는 사람이 생각보다 많다. 평소 독서를 즐기지 않던 사람이 당장 책을 펼치고 그 내용을 정리하기란 어렵다. 꾸준히 조금씩 읽는 것부터 시작하자. 하루에 반 페이지라도, 두 문장이라도 괜찮다. 거창하게 이야기했지만 투자 공부의 첫걸음은 하루에 책 반 페이지를 읽는 것, 그뿐이다.

처음이 어렵지
두 번째는 쉽다

실천하고 행동하기란 정말 어렵다. 독서 혹은 외부 자극을 통해서 변화의 필요성을 느꼈더라도 행동으로 이어 가는 것은 쉽지 않다. 성장을 위해서는 힘들고 불편해야 한다. 텔레비전을 보거나 낮잠을 자며 편안해하기보다 불안정 속으로 지금 뛰어들자.

예를 하나 들어 보겠다. 조금 어려운 이야기일 수 있지만, 반도체 소자인 트랜지스터가 작동하려면 '문턱 전압'을 넘는 전압이 필요하다. 문턱 전압이란 어떤 장치나 전자 부품이 동작을 시작할 때 필요한 최소한의 전압을 말한다. 문턱 전압을 넘어야 전류가 흘러가듯 사람이 어떤 일을 이루기까지 문턱이 존재한다. 처음이 힘들다는 이야기다. 입학 첫날이 힘들고, 독서의 첫 페이지가 힘들고, 첫 투자가 힘들다.

이때 중요한 것이 생각이다. 생각은 행동을 만들고, 행동도 생각을 만들어 낸다. 생각과 행동은 서로 영향을 주고받는다. 즉 기분 좋을 때 웃고, 웃으면 기분이 좋아진다. 우리가 변화하고 성장하기 위해서는 행동을 통해 생각을 바꿀 수 있다. 첫 투자는 힘들다. 안정감 속으로 숨고 싶을 것이다. 하지만 자본주의 속도를 앞지르려면 반드시 불안정하고 불안한 문턱을 넘어서야 한다. 이제 문턱을 넘어서는 두 가지 방법을 소개해 보겠다.

다짐을 선언하고
주체적으로 행동해라

첫 번째는 선언이다. 어떤 일을 계획할 때 일단 선언부터 하자. 단 이때 주변 사람들에게 말하기보다 사용하는 SNS에 선언하는 것을 추천한다. 이유는 뒤에서 설명하겠지만, 불특정 다수에게 약속하는 편이 더 좋다. 목표도 좋고 계획도 좋다. 외부로 선언하는 것은 환경을 구축하는 것이다. 선언의 내용은 '나는 3년 뒤에 벤츠를 탈 것이다', '나는 매주 목요일마다 지식산업센터 임장을 갈 것이다'같이 장기 목표든 단기 계획이든 상관없다.

목표를 혼자 생각만 할 때와 누군가와 약속을 했을 때의 실행력에는 확실히 차이가 있다. 혼자만의 생각을 지키지 않을 때는 나만 속이면 된다. 반면 약속이 외부로 향하면 불편해진다. 지식산업센터 임장을 가기로 선언한 목요일이 올 때마다 불편함을 느낄 것이다. 결국 우리는 불편한 감정을 지우기 위해 움직인다. 이런 경험이 한 번 두 번 쌓이면 안정적인 루틴이 되고 삶의 일부가 된다.

두 번째는 거꾸로 생각해 보는 것이다. 인과 관계의 오류에 대한 이야기다. "핑계 없는 무덤은 없다"라는 속담이 있다. 모든 일에는 수백 가지의 핑계가 있다는 뜻이다. 투자를 하지 않는 이유도 마찬 가지다. 돈이 없을 수도, 시간이 없을 수도, 시기가 안 좋을 수도 있 다. 성공하는 투자를 하려면 한번 이 인과 관계를 거꾸로 보자. 의외 로 원인과 결과가 뒤바뀐 경우가 많다. 인간에게는 자신의 행동을 쉽게 정당화하려는 습성이 있기 때문이다. 직장에 다닐 때 후배가 이런 이야기를 한 적이 있다.

"선배님, 너무 바쁘신 것 같아요."

나는 이렇게 대답했다.

"응, 엎친 데 덮친 격이야. 힘든 일이 너무 한꺼번에 와서…."

이야기를 하고 나서 돌이켜 보니 의문이 들었다. 과연 힘든 일이 었을까? 그냥 일상적인 일 아니었을까? 힘든 일이 한꺼번에 왔다는 말은 일이 한꺼번에 밀려와서 힘들다는 말로 바꿀 수 있다. 즉 결과 는 '힘듦'이고, 원인은 힘든 일이 아니라 '한꺼번에 일이 몰린 것'이 다. 이처럼 우리는 습관적으로 원인과 결과를 뒤바꾼다. 원인이 '힘 든 일'이면 나에게는 아무 잘못이 없다. 힘든 일 탓을 하면 된다. '힘든 일'이라고 스스로 단정했으니 받아들이는 수밖에 없다. 하지만 만약 '많은 일이 한꺼번에 벌어진 것'이 문제인 상황이라면 스스로 일을 분산하면 된다. 행동의 주체를 밖에서 안으로 끌고 오자.

'돈만 많으면 투자할 텐데…'라고 생각하는 사람을 많이 봤다. 이 생각을 '투자하면 돈이 많아질 텐데…'로 바꿔 보자. 전자는 돈이 없으니 투자를 안 하겠다는 수동적인 의미다. 반면에 후자의 생각을 읽으면 어떠한가? 투자하면 돈이 많아지니 투자해야겠다는 능동적인 의미가 된다. 비슷한 사례는 주변에서 쉽게 찾아볼 수 있다.

만약 어떤 생각이 떠오를 때는 원인과 결과를 반대로 배치해 보자. "아침잠이 많아서 미라클 모닝을 못해요"를 "미라클 모닝을 안 해서 아침잠이 많아요"로, "게을러서 실천을 잘 못하겠어"를 "실천을 안 해서 게으른 거야"로, "무대 공포증이 있어서 발표가 힘들어요"를 "발표를 안 해서 무대 공포증이 있어요"로, "대출이 무서워서 부동산 투자를 안 해요"를 "부동산 투자를 안 해서 대출이 무서워요"로 말이다. 이렇게 행동의 주체를 뒤에서 앞으로 끌어오면 행동하는 데 도움이 된다. 이것이 바로 거꾸로 생각하기의 마법이다.

새로운 행동을 시작하면 삶의 균열이 생긴다. 직장 생활에 영향을 줄 수 있고 배우자와 불화가 생길 수도 있고 육아에 어려움이 생길 수도 있다. 당연한 결과다. 받아들여야 한다. 새로운 것을 넣으려면 기존의 것을 비워야 한다. 삶의 작은 균열이 곧 변화다.

요약해 보겠다. 수많은 핑계는 우리가 벗어나야 하는 문턱이다.

행동의 주체를 밖에서 안으로 가지고 오자. 할 수 밖에 없는 환경을 구축하기 위해 선언이라는 도구를 사용해 보자. 어느새 목표를 향해서 행동하고 있을 것이다.

모르는 분야도
60일이면 보인다

김승호 작가의 《돈의 속성》에 금융 문맹에 대한 이야기가 나온다. 금융에 대한 단어들을 이해할 수 있는지에 대한 내용이다. 문맹이란 '배우지 못하여 글을 읽거나 쓸 줄 모른다'는 의미다. 금융 문맹을 벗어나는 법은 이렇다. '배우지 못하여 글을 읽거나 쓸 줄 모른다'를 '글을 읽거나 쓸 수 있으려면 배워야 한다'로 거꾸로 생각해 보자. 금융 문맹도 학습하면 비교적 짧은 시간 내에 벗어날 수 있다.

그렇다면 어디부터 시작해야 할까? 부동산, 주식 용어부터 일반적인 경제 용어까지 금융 용어는 다양하다. 금융 용어를 쉽게 접할 수 있는 콘텐츠는 바로 신문이다. 경제 신문의 헤드라인을 꾸준히 읽기만 해도 3개월 안에 금융 문맹을 탈출할 수 있다고 확신한다. 물론 단순히 눈으로만 읽어서는 안 된다. 딱 60일만 이렇게 실행해 보자.

경제 콘텐츠를 습득하고 공유해라

나는 두 개의 칼럼을 요약했다. 〈한국경제신문〉의 '김현석의 월스트리트 나우'와 국제금융센터에서 매일 발행하는 '국제금융속보'다. 이 두 가지 칼럼은 초보자도 이해할 수 있을 정도로 거시 경제를 쉽게 설명한 오건영 작가의 《부의 시나리오》에도 소개됐을 정도로 유용한 금융 정보를 담고 있다.

처음에는 노트에 매일매일 칼럼을 한 문장으로 요약하자. 읽다 보면 모르는 단어가 많은데 인터넷으로 찾아서 요약 문장 뒤에 기록하면 된다. 모르는 단어가 여러 개 나오는 날은 다 하려고 하지 않고 한두 개 정도로 줄이자. 어차피 경제 용어는 계속 반복적으로 나온다. 나는 두 개의 칼럼을 요약하는 일에 하루 30분 정도를 투자했다. 한 달 정도 지속하면 정리한 내용이 차곡차곡 쌓이고 신문의 경제 용어도 눈에 익을 것이다.

다음으로는 다른 사람과 공유하자. 나는 이렇게 정리한 내용이 아깝다는 생각이 들었다. 분명 나와 같은 사람이 많으리라 짐작했고, 내가 정리한 칼럼을 네이버 부동산 커뮤니티에 공유했다. 물론 경제 칼럼이라 그리 인기가 높지는 않았지만 150회를 넘어가니 보는 사람이 제법 많아졌다. 회원 수 3만 명의 네이버 부동산 카페 '푸릉'에서의 '금융스케치'는 그렇게 탄생했다. 타깃은 경제와 금융에 대해 전혀 모르고 이제 막 투자를 시작하는 사람들이었다. 초보자들을 위해 요약한 칼럼 내용을 숫자는 모두 제외하고 부드러운 말투로 최대한 쉽게 이야기했다.

앞에서 환경의 중요성을 강조했다. 커뮤니티에 칼럼 요약을 하겠다고 선언하는 것도 일종의 환경 구축이다. 의지만으로는 3일을 지속하기도 힘들지만 선언을 하고 한명의 독자라도 기다리고 있다고 생각하면 하루만 칼럼을 올리지 않아도 찝찝하고 불편하다. 의지와 상관없이 한 명의 독자를 위해 행동하게 된다. 나는 이러한 환경 덕분에 기록을 공유했고 경제 지식과 글쓰기, 두 마리 토끼를 잡았다.

단 이 과정에서는 사람마다 성장 속도가 다르다는 것을 반드시 상기하자. 자신의 생각을 블로그 혹은 커뮤니티에 표현할 때 다른 글과 내 글의 조회 수를 비교하면서 절망할 수 있다. 마찬가지로 투자 공부를 할 때도 다른 사람들의 수익과 내 수익을 비교하면서 좌절할 수 있다. 하지만 본질은 속도가 아닌 성장에 있다. 지식산업센터라는 용어를 몰랐던 3년 전의 자신보다 지금의 나, 그 정도 성장이라면 스스로에게 칭찬해도 된다.

요약하면 금융 문맹을 벗어나는 빠른 방법 중 하나는 학습을 통한 인풋, 어떤 매체로든지 학습한 것을 아웃풋하는 것이다. 시작했으면 잠깐 쉬더라도 멈추지 말자. 꼭 60회까지는 지속해 보자.

투자의 쓴맛을 모르는 자는 단맛도 모른다

현대그룹 고故 정주영 회장의 명언 중에 이런 말이 있다.

"불가능하다고? 이봐, 해 보기나 했어?"

'불가능하다'는 안정을 추구하는 인간의 뇌가 일반적으로 하는 생각이다. 새로운 시도에 대한 욕구는 이렇게 스스로 한계를 긋고 안정감 뒤로 숨는다. 특히 남성들은 군대에서든 직장에서든 앞장서려고도, 뒤처지려고도 하지 않는다. 그냥 중간만 가려고 한다.

우리가 실패나 실수, 손실에 대한 두려움을 강하게 느끼는 이유는 과거 사냥꾼이었던 인간이 사냥에 실패하면 죽을 수도 있다는 생각에 두려워했기 때문이다. 우리는 한 방에 성공할 수 있다는 생각보다 한 방에 실패할 수 있다는 생각을 자주 한다. 하지만 이 사실을 기억하자. 성공하려면 실패해야 하고 실패하지 않으려면 아무것도 하지 않으면 된다.

실패에서도 배우는 것이 있으면 성공이다

사람들은 어떤 일을 시도할 때 여러 가지를 생각한다. 과거 경험의 트라우마를 떠올릴 수도 있고, 상상 속 장밋빛 미래에 웃음 지으면서 현재는 그렇지 못하다는 사실에 괴리감도 느낄 것이다. 하지만 투자를 본격적으로 시작하려 마음먹었다면 단순히 지금 우리가 집중해야 할 일에 집중하자. 순간순간만 생각하자. 만약 주식 투자를 하기로 정했다면 어떤 공부가 필요한지, 어떤 사람을 만나야 할지, 얼마가 필요한지만 떠올리자. 주식 500% 수익률, 반토막 났던 투자 경험은 우리와 상관없다.

결과보다 과정이다. 시도했고 경험했으면 칭찬하자. 결과가 안 좋을 수도 있다. 투자 방향이 잘못되었을 수도, 시장을 읽지 못했을 수도 있지만 그런 경험은 다음 시도를 단단하게 만들어 준다. 성장의 모양은 점진적인 그래프가 아닌 계단식 그래프다. 단계를 뛰어넘는다는 표현도 같은 맥락이다. 어쩌면 이미 당신은 다음 단계를 넘어가기 직전인 99%까지 와 있을 수 있다. 당장은 수익이나 성장이 눈에 보이지 않지만 1%만 더 올라가면 다음 단계로 점프할 수 있다.

포기하고 싶을 때는 앞으로 1% 남았다는 생각이 동력이 될 것이다.

부동산에 투자하는 사람이든 주식에 투자하는 사람이든, 일시적으로 상승과 하락을 반복하는 수치를 기록한 차트를 볼 것이다. 차트도 중요하지만 숫자 디테일에 연연하지 말자. 중요한 것은 전체적인 그래프 방향이 위아래 중 어디로 향하고 있는지, 다른 투자 물건과 비교했을 때 누가 빨리 움직이고 있는지 등의 패턴이다. 초보 투자자는 숫자 소수점 하나에 멈춰 있다. 방향성만 잘 판단할 수 있어도 결국은 이기는 싸움이다.

나는 공대를 졸업했고, 17년 동안 반도체 엔지니어로 근무했다. 항상 숫자를 접했고 수치로 이야기하는 데 익숙했다. 투자도 숫자로 공부했지만 지금 생각은 다르다. 정답이 없기에 수학이 아니라 경제학, 심리학에 가깝다. 강의를 듣고 책을 읽는 이유는 투자 스킬보다 스스로의 믿음을 단단하게 만들어 주기 때문이다. 지금은 수익률을 자세하게 계산하지 않는다. 단순히 중간을 잡고 위, 아래인지를 파악한다. 최소한 아래로 떨어지지 않을 것 같다는 확신이 들면 그냥 던져 본다. 상승 타이밍은 신의 영역이지만 수익화 시점이 오기까지는 생각 외로 그리 긴 시간이 걸리지 않았다.

투자 선택의 기준도
경험에서 나온다

잠깐 수학 성적에 대해 이야기해 보겠다. 수학 점수 10점인 아이가 열심히 공부해서 고득점을 받을 수 있을까? 물론 가능하다. 그럼 어떤 단계를 밟아 올라갈까? 10점에서 50점까지는 노력으로 빠른 기간 내에 올라갈 수 있다. 50점에서 80점까지도 조금 더 노력하면 가능하다. 80점에서 90점까지는 비록 10점 차이지만 상당히 오랜 시간이 걸린다. 하지만 마지막 100점의 영역에 닿기까지는 무한한 시간이 걸리거나 도달하지 못할 수도 있다.

그럼 투자는 어떨까? 리스크 제로인 100점짜리 투자를 하려 하는가? 안타깝게도 세상에 그런 투자는 없다. 워런 버핏 같은 투자의 신도 계속 성공만 했을까? 최근에도 항공주를 손절하는 오판을 했다. 100점짜리 투자는 수학 100점같이 무한한 시간이 걸리는 영역이다. 만약 100점짜리 투자를 노리고 있다면 운의 영역까지 컨트롤하겠다는 의미다.

투자 성공에 중요한 세 가지 요소는 마인드, 투자금, 타이밍이라고 생각한다. 여기서 타이밍은 떨어질 때 사고 올라갈 때 파는 걸 뜻하지 않는다. 결정을 해야 하는 타이밍이다. 사람들은 완벽한 기회를 잡으려고 결정을 미루는 경향이 있다. 그리고 기대가 높은 결정은 후회를 낳는다. 특히 초보 투자자들이 대부분 이런 성향을 보인다.

막연한 기대감 그리고 우유부단함 때문이다. 여기서 우유부단함은 신중함이 아니라 욕심이다. 하나를 얻으면 하나를 놓아야 하는데 둘 다 놓치기 싫어서 우유부단해진다. 주식 투자에서 이런 경우가 많다. 저평가된 주식을 찾았지만 하락하고 있을 때는 조금 더 저점에서 잡고 싶은 욕심에 시간을 끌다가 타이밍을 놓친다. 상승할 때 다시 매수 기회가 오지만 머릿속에는 저점이었을 때 결정하지 못한 후회가 남는다. 앞을 봐야 하는데 뒤만 보인다. 후회는 피드백이 되어야 하나 후회 자체로 남는다면 투자자에게 치명적이다.

부동산도 마찬가지다. 가격이 하락하면 매수한다고 말하는 투자자들이 있다. 과연 하락할 때 살 수 있을까? 떨어지는 칼날을 잡는 건 더 어렵다. 보통 하락할 때 매수한다고 말하는 사람들은 부동산 투자가 처음이거나 경험이 없는 사람일 가능성이 높다. 부동산 투자는 투자금이 생기면 그 시점에서 저평가된 아파트를 찾는 방식으로 이루어진다. 특정 아파트를 정해 두고 하락할 때까지 기다리는 것은 지역 분석이 아직 미흡하다는 의미다.

주식에서 "무릎에서 사고, 어깨에서 팔라"라는 유명한 말이 있다. 매도하려 할 때는 확실히 저렴하게 매도해야 하고 매수하려고 할 때는 조금 더 비싸게 매수해야 한다는 뜻이다. 이는 타이밍을 강조한 말이다. 투자는 원하는 타이밍에 계약이 성립돼야만 톱니바퀴처럼 돌아간다. 욕심으로 타이밍을 놓치면 하나의 투자뿐만 아니라 다음 투자에 영향을 줄 수 있기 때문이다.

이제부터 솔직해지자. 과연 스스로 완벽하다고 생각하는가? 완벽해서 100%라고 생각해도 나만의 생각일 뿐 다른 투자자에게는 고작 60%일 수 있다. 상대적인 문제다. 가치를 알고 리스크를 줄였으면 그냥 결정하자. 적정 가치나 기준은 투자뿐 아니라 인생에서도 찾기 어렵다. 선택의 기준은 경험에서 찾으면 된다. 아파트로 예를 들면 투자하려는 지역 중 대체 불가능한 아파트를 찾는 것도 기준이 된다. 대중이 이사 오고 싶은 곳, 살기 좋은 곳이다. 그런 곳의 가격은 이미 상승해 있을 수도, 그래서 지금 사면 떨어질 수도 있다.

리스크를 줄이는 길은 또 다른 투자다

우리는 끊임없이 리스크를 제로가 아닌 최소화하는 방법을 찾을 뿐이다. 효과적인 방법은 경험을 레버리지하는 것이다. 부동산 투자를 하면서 꾸준히 강의를 듣고 유튜브를 보고 책을 읽자. 강의는 강사의 경험을 레버리지하고 책은 앞선 투자자들의 마인드를 레버리지한다. 시작하는 사람에게는 이 말이 어려울 것이다. 이해한다. 하지만 바로 부자가 되는 방법은 없다. 투자에는 요행도 없다. 이 두 가지 명제에서 하나라도 벗어나면 투기 혹은 사기다. 부동산 투자는 많은 지역과 부동산을 방문해야 하고 매매 경험이 축적돼야 한다.

지금부터는 잘할 필요 없다. 최선을 다하지 말라는 의미는 아니다. 최선을 다하고 열심히 하는 것은 기본이다. 하지만 그렇게 한다고 모든 일이 잘 풀리지는 않는다. 만약 어떤 일을 처음 시도하는데 잘한다면 늦은 것이다. 예를 들어 피아노를 처음 쳤는데 굉장히 잘 쳤다면 더 빨리 시도할 수 있었는데 그렇지 않았다는 뜻이다. 첫 투자를 생각했을 때 투자금은 적을 것이고 수익률도 낮을 것이다. '처음'은 오히려 경험이 중요한 단계다. 정주영 회장의 말처럼 일단 해보고 성공했으면 그 기분으로 다음을 준비하면 될 것이고 실패했다면 다음번에 실패하지 않을 밑거름이라고 생각하자. 그게 무엇이든지 죽지 않을 만큼의 시도는 우리의 기본값을 올려 줄 것이다.

정리하면 실패의 경험이 중요하다는 이야기다. 그렇다고 준비 없이 부딪쳐 보라는 뜻은 아니다. 최소한 어느 정도 감당할 수 있는 실패여야 한다. 크게 실패하면 방어만 하려는 기질이 생기고, 최악의 경우 다시 일어나지 못하거나 소심해지고 위축되어 다시 자신감이 회복되는 시간이 꽤 걸린다. 그래서 처음에는 공격적인 투자보다 실패가 있더라도 최소한 본전을 찾을 수 있는 안정적인 투자로 시작하는 편이 좋다. 어렵지만 중요한 문제다.

방해꾼이 많을수록
잘하고 있다는 뜻이다

앞에서 투자를 지속하기 위한 방법으로 '선언하기'를 제안하면서 주변 사람들보다 불특정 다수에게 선언하라고 했다. 그 이유는 SNS의 불특정 다수는 나에게 힘내라는 응원의 메시지를 보내지만 주변 사람들은 오히려 내 투자를 부정적으로 바라보는 방해꾼이 될 수 있기 때문이다.

예전에 아파트 투자 수익이 연봉을 넘어서자 투자에 대한 자신감이 솟구친 적이 있다. 소인배 같지만 우쭐거리고 싶었고 누가 알아주면 좋겠다고 생각했다. 그래서 주변 동료들에게 부동산 투자를 전파했다. 아파트와 지식산업센터 투자에 대해서 이야기했지만 얼마

가지 않아 이야기하는 것을 그만두었다. 부동산에 관심이 없는 사람이 많았다. 자기 집 하나만 있으면 되지 투자해야겠다고 생각하지 않았다. 오히려 다주택자를 걱정하는 동료도 있었다. 그들은 나에게 종합 부동산세 같은 보유세 등 세금 폭탄, 일본 부동산과 인구 감소에 따른 부동산 하락 전망에 대해 더 많은 조언을 했다.

배우자와 부모님의 방해에 대처하는 방법

부동산 투자를 결심하고 막상 조언을 구하려고 주변을 둘러보면 같은 생각을 지닌 사람들을 찾기 힘들다. 오히려 투자의 리스크만 생각하는 사람을 많이 만날 것이다. 특히 부동산은 대출 레버리지를 이용해야 하기에 금리 상승 등을 이야기하면서 부정적으로 바라볼 가능성이 크다. 부동산 투자를 시작할 때는 주변 동료들에게 말하지 않기를 바란다. 친하다고, 주식 투자를 잘한다고, 선후배라는 이유로 안심하고 이야기하면 뒷담화의 소재거리가 될 뿐이다.

아이러니하게 우리의 가장 큰 적은 같이 밥을 먹고 있는 사람일 가능성이 높다. 배우자 혹은 부모님의 반대가 크다. 목돈이 들어가는 부동산 투자는 혼자 결정할 수 있는 문제가 아니다. 특히 배우자와의 협의는 필수다. 부동산 투자에 대해 관심을 갖고, 마인드를 장착하고, 실제 투자로 이어가기까지는 보통 6개월에서 1년 정도가 걸린다. 투자를 아직 결정하지 않은 시기에는 배우자들이 응원을 해 주기도 한다. 하지만 실제 투자를 하는 시점에서 배우자가 방해꾼이 되는 경우가 많다.

이때는 배우자를 설득해야 한다. 배우자와 나는 관점이 다를 뿐 경제 공동체이기 때문에 목표가 동일하다. 부동산 투자를 하는 공격수와 리스크를 생각하는 수비수일 뿐 경기 승리, 즉 재산을 보호하는 것이 목표다. 서로 의견이 다르더라도 배우자가 참여하는 부분을 만들자. 투자 대상 아파트 임장을 같이 가고 부동산도 함께 방문해 보자. 충돌하면 더 많은 이야기로 풀어야 하니 책이나 강의를 추천해 주는 것도 좋은 방법이다.

다음으로 부모님의 반대가 클 수 있다. 이 경우에는 정답이 있다. 그냥 알리지 말자. 부모님 세대는 대부분 아파트 갭 투자를 투기, 주식 투자는 도박이라고 생각한다. 나도 부모님에게 투기꾼이라는 말을 들은 적이 있다. 직장에 소속되어 대체 가능한 톱니바퀴 역할로 오랜 기간 월급을 받으면서 저축하고 근검절약하는 것이 바로 다수의 부모님 세대가 보는 성공이다. 부모님 세대에서는 적금 금리가 20%였으니 근로 소득과 저축만으로 가능한 일이었을지 모르지만 지금은 금리가 그때의 10분의 1이다. 세상이 달라졌다. 투자에 대한 마인드가 다르다는 사실을 인정하자. 부모님은 우리의 투자를 모르는 편이 약이다.

성과는
목표로부터 시작한다

만약에 원시 시대에 태어났으면 생존을 위해 더 잘 뛰는 기술, 더 민첩하게 사냥을 잘하는 기술, 도구를 잘 사용하는 기술을 연마했을 것이다. 하지만 우리는 자본주의 시대에 태어났다. 누군가는 공부를 잘하고, 또 누군가는 뛰어난 기술을 가졌거나 예술적 감각이 좋을 것이다. 이러한 능력은 개인의 관점에서는 자아실현의 도구고 자본주의 관점에서는 수익의 도구다. 여러 시도와 경험은 이 두 가지 관점 어느 쪽으로든 양분이 된다. 목표가 자아실현이든 수익 창출이든 이를 위한 행위는 동일하다는 뜻이다. 다양한 도구를 장착하고 이 도구들을 잘 사용하는 것, 이로써 부자가 되는 것이 자본주의에서 생존하는 길이다.

당신의 목표는 무엇인가?

돈 걱정 없이 살고 싶었다. 80세가 될 때까지 남의 일을 하면서 살아가기 싫었다. 그래서 원시 인류가 살아남기 위해 생존 기술을 익히듯 자본주의에서의 생존 도구를 찾으려 했다. 결국 투자였다. 돈이 돈을 버는 시스템을 가지고 싶었다. 돈 걱정 없이 살고 싶은 이유가 무엇일까? 그냥 지금처럼 월급으로 사는 삶도 괜찮지 않을까?

나에게는 단 한 가지였다. 돈으로 해결할 수 없는 신체적 결함 혹은 질병, 치매라 할지라도 최고의 의료 기술을 받고 싶었다. 안타깝게도 젊을 때보다 나이가 많을 때 의료 기술에 대한 의존도가 높아진다. 40대가 되면서 점점 더 병원에 방문하는 횟수가 많아진다. 월급은 의료 기술에 의존하는 크기만큼 줄어든다. 그러고 싶지 않았다. 의료 보험이 지급하는 최소한의 환경에만 기대고 싶지 않다. 원한다면 특실에서 지내고 싶고, 최고의 의료진에게 맡기고 싶다. 지금 생각하는 범위는 가족이지만 자산이 늘어나는 만큼 범위를 늘려가고 싶다.

당신이 돈을 버는 목표는 무엇인가? 돈 걱정 없을 때 어떻게 살아가고 싶은가? 익숙하지만 당장 하지 못하는 일이 생각날 것이다. 예를 들어 인스타그램을 하고 있다면 좋은 레스토랑, 여행, 명품 등이 떠오를 것이다. 해외에서 1년 살아 보기, 벤츠 타 보기 등 나 또한 이런 생각이 든다. 하지만 여기에서 멈추면 안 된다. 이어서 이를 실현하려면 어떻게 해야 할지 다음 단계를 생각해야 한다. 자기 계발서를 꾸준히 읽고 있다면 어떻게 투자를 해야 할지, 몸값을 어떻게 올려야 할지, 브랜딩을 어떻게 해야 할지 등 구체적인 실현 단계의 생각이 같이 떠오를 것이다. 반복적인 경험이 쌓이면 이러한 과정이 자동적으로, 직관적으로 이루어질 것이다.

목표에는 원래 논리가 없다. 그래서 누군가는 내 목표를 허황되다며 비웃을 수도 있다. 하지만 떠오른 목표에는 논리가 부족해도 진짜라고 착각하게 만드는 강력함이 있다. 목표를 떠올리면 실현하고 싶은 의지가 생길 것이다. 그래서 목표를 떠올리고 이를 이루기 위한 방법을 고민하는 것이 중요하다. 단 떠오른 목표를 순간의 생각으로 소비할 뿐이라면 생존 싸움에서 진다. 이기려면 목표를 생산수단으로 실현해야 한다. 정리된 직관적 생각은 자본주의에서 승리하기 위한 무기가 될 것이다.

이제 다시 한 번 목표를 떠올려 보자. 성장에 미래와 과거는 그리 중요하지 않다. 지금 보고 있는 것, 하고 있는 것이 변해야 한다. 환경을 만들고 반복적 경험을 지속해야만 인생에서 강력한 영향을 주는 직관적인 생각이 변화한다. 지금 직관적으로 떠오르는 생각을 변화할 준비가 되었는가?

최소 리스크,
최대 수익률로
경제적 자유를 이루자

요즘 경제 뉴스를 보면 모든 상황이 좋은 것만은 아니다. 부동산도, 주식도 모든 투자가 그러하다. 나는 퇴사를 했다. 안정적인 삶이었지만 과감한 결정을 했다. 흔히 말하는 파이어족이라는 이야기도 들었다. 최근 파이어족이 다시 직장을 구하려고 한다는 뉴스 기사도 접했다. 그럼 파이어족이 뭘까? 왜 파이어족이 되려고 할까? 파이어족은 일을 하지 않고, 온전히 가진 돈으로만 생활하는 사람을 뜻하지는 않는다. 남의 일이 아닌 진정한 나의 일을 찾아서 즐겁게 일을 하는 사람을 의미한다고 생각한다. 하지만 내가 즐겁게 일할 수 있는 일을 찾기 위해서, 그 일이 수익화가 될 때까지는 시간이 필요하다. 그 시간을 부동산 투자, 지식산업센터 투자로 확보했다. 지식산업센터 투자라는 공격수를 한 명 더 영입한 것이다.

많은 사람은 나의 이익부터 생각할 것이다. 부동산 투자도 마찬가지고, 어떤 사업을 할 때도 그럴 것이다. 나 또한 마찬가지였지만 지금은 달라졌다. 지식산업센터 투자도 임대 사업이다. 지식산업센터를 매수할 때나 임대할 때는 반드시 '사람'을 만난다. 결국 사람과의 연결이며, 투자는 그 연결을 어떻게 풀어야 할지 고민하는 과정이다. 여기서 내 이익을 우선시하면 그 연결은 느슨해지고 끊길 수 있다. 즉 내 이익도 중요하지만 상대방의 이익도 중요하다. 모든 거래는 '윈윈win-win'이어야만 성공한다.

윈윈이 되려면 어떻게 해야 할까? 정답은 먼저 내줘야 한다. 일시적인 손실이 생길 수도 있지만 감수할 수 있는 용기가 필요하다. '기브 앤드 테이크give and take'라는 말이 있다. 줘야 받을 수 있다는 뜻이다. '테이크 앤드 기브take and give'가 아니다. 부동산 거래와 사회생활에서 배운 인생의 중요한 가치가 있다면, 먼저 줘야만give 받을take 수 있다는 것이다. 상대방이 내게 돈을 지불한다는 것은 그 금액 이상의 가치를 나한테 받기 위해서임을 인정하고 투자를 하면 좋겠다.

지금은 부동산이 주춤하고 주식은 하락했고 가상 화폐는 불안정하다. 하지만 달러 가치, 즉 환율은 역사적으로 유례가 없을 정도로 크게 오르고 있다. 많은 사람은 어렵다고 생각할 때 투자자들은 다르게 생각한다. 다른 투자처로 전환했을 수도 있고, 기회를 찾기 위해 다른 분야의 투자를 공부하고 있을 수 있다. 세상에는 정답이 없다. 정확하게는 수많은 보기 중에서 정답이 계속 달라진다.

이제껏 우리는 하나의 정답을 찾으려고 했다. 학교에서도 직장에서도 단 한 개의 정답을 찾으려고 노력했다. 그리고 '왜?'라는 질문보다 '어떻게?'라는 질문에 답하려고 했다. 수학 문제를 푸는데 '왜 풀어야 하지?'라는 생각은 하지 않았을 것이다. 단지 어떻게 빨리 풀어야 할지 고민했을 것이다. 물론 '어떻게?'라는 질문도 중요하지만 그보다 먼저 고민해야 하는 것이 바로 '왜?'다. 학교나 학원처럼 누군가로부터 한 방향으로 수동적으로 질문을 받고 정답을 확인하는 시대는 지나갔다. 이제는 '왜?'라는 질문을 스스로에게 던지고 대답해야 성장할 수 있는 시대다. '왜 돈을 벌지? 왜 퇴사를 하지? 왜 부동산 투자를 해야 하지? 왜 내가 좋아하는 일을 해야 하지?'에 이어 그 대답을 잘할 수 있다면 '어떻게?'라는 수단을 더 빠르고 단단하게 이해할 수 있을 것이다.

내가 진정으로 원하고 즐겁게 할 수 있는 일을 계속 찾고 있다. 이 과정이 녹록지 않지만 나를 위한 일이기 때문에 재미있다. 그래서 책을 쓰는 과정에도 즐겁게 임할 수 있었다. 독자들이 이 책을 읽고 지식산업센터 투자법뿐만 아니라 다양한 투자도 즐겁게 할 수 있기를 바란다.